J'ai vécu le surnaturel

Marc Menant
avec la collaboration de Jacques Mandorla

J'ai vécu le surnaturel

ÉDITIONS FRANCE LOISIRS

Édition du Club France Loisirs,
avec l'autorisation des Édition°1.

Éditions France Loisirs,
123, boulevard de Grenelle, Paris
www.franceloisirs.com

ISBN : 2-7441-7327-4

Avant-propos

« Vous y croyez, vous, à tous ces phénomènes paranormaux ? »

La question est devenue une véritable interpellation depuis que, sur Europe 1, j'anime une émission sur ce thème. Pas une journée sans qu'elle ne me soit posée plusieurs fois !

« Croire ? »...

Que je réponde par l'affirmative ou la négative ne présente aucun intérêt, la croyance relevant de l'intime conviction de chacun. Elle est de l'ordre du ressenti et n'exige aucune preuve. N'importe quelle chimère peut ainsi guider la vie d'un individu. Et puis, la croyance est le plus souvent le fruit d'une éducation. Or, je le confesse, la mienne, extrêmement laïque, m'a préservé de tout conditionnement religieux et privé aussi de tout intérêt pour la spiritualité.

Quant au paranormal, je ne voulais même pas en entendre parler. Ce n'étaient que sornettes, obscurantisme !

Des études d'officier de la marine marchande et une passion pour les mathématiques ont façonné mon esprit au raisonnement logique. Mon rejet, que dis-je, mon mépris pour l'irrationnel, n'était que l'expression inconsciente d'une arrogance intellectuelle. Pour moi, il était plus facile de camper sur mes positions que de remettre en cause des connaissances rassurantes, anesthésiantes.

Puis, un jour, le hasard m'a obligé à élargir ma réflexion et à m'ouvrir à la potentialité d'un univers plus subtil.

Il y eut d'abord la rencontre avec un homme délicieux, d'une curiosité insatiable, juif de confession, médecin de son état : Guy Slakmon. Marqué par ses appartenances, il aurait pu se laisser enfermer dans un dogme religieux ou scientifique, mais son humanisme le poussa, à la fin de ses études, à courir le monde pour découvrir spiritualités et médecines des peuples traditionnels. Dix ans d'errance finirent par le convaincre que l'esprit ne pouvait se réduire au rationnel. Aucunement prosélyte, il rapportait ses expériences sans souci de sensationnalisme, sur un ton bonhomme, ce qui forçait la réflexion. C'est ainsi que je m'ouvris au surnaturel. Sans doute en serais-je resté à son témoignage, si un mauvais coup du destin ne m'avait obligé, comme je le raconterai dans ce livre, à effectuer un reportage sur le sujet.

Mais, celui qui me catapulta définitivement dans cet univers de l'étrange, c'est Jérôme Bellay, le patron d'Europe 1. Alors que les dirigeants du PAF ronronnent dans la normalité et la surexploitation des modes, lui ne cesse de créer de nouveaux espaces d'expression. Nous travaillions ensemble depuis un an lorsqu'un jour, au détour d'une conversation, il me lança de son ton bourru, qui n'est que le voile pudique d'une authentique jovialité : « Dis donc, ça t'intéresse le paranormal ? »

Ce à quoi je répondis, du tac au tac : « Du moment que je suis derrière le micro, tout m'intéresse !

— Bon ! Eh bien, cet été, à la place du Club de la Presse, tu animeras une émission sur le surnaturel ! Attention, pas d'attrape-gogos ! Simplement s'ouvrir à ceux qui ont la sensation d'être confrontés à des événements bizarres. »

Le succès a été immédiat. De sorte qu'à la rentrée j'ai hérité, sur la grille, du dimanche matin. Les propos surprenants de mes invités m'ont tellement intrigué que j'ai décidé de renouer avec la pratique que j'avais inventée en 1978, sur TF1 : le commentaire dans l'action. À l'époque, j'avais multiplié les aventures, micro et caméra en « bandoulière », pour livrer à chaud mes sensations de l'extrême : saut en deltaplane de deux mille mètres, parachute, bobsleigh, descente du Verdon à la nage... Mon coup le plus audacieux : ma participation aux Vingt-

Quatre Heures du Mans où j'ai été le premier journaliste-pilote à livrer mes impressions au volant à trois cent cinquante kilomètres à l'heure ! Le reportage en tant qu'acteur ayant fait ses preuves, j'ai décidé d'appliquer la méthode pour pénétrer le monde du surnaturel en toute objectivité.

Afin de me protéger des éventuels risques de manipulation dont j'étais conscient, j'ai estimé indispensable d'associer à mon travail un observateur à l'intégrité incontestable. Ce n'est pas par hasard que je me suis tourné vers Jacques Mandorla...

« Marc fait sans doute référence à mes six années passées auprès du professeur Rocard. Brillant physicien nucléaire, père de la bombe atomique française, il m'accueillit comme observateur de ses recherches sur les dons que possèdent les sourciers. Expériences que j'ai consignées dans des livres à succès comme l'*ABC du magnétisme* ou l'*ABC de la radiesthésie*. De ce compagnonnage avec ce savant qui fustigeait le rationalisme obtus de ses confrères, je retiens cette phrase confiée peu de temps avant sa mort en 1992 : « Jeune homme, dans la vie, l'important est d'être passionné. Et peu importent alors les sentiers de traverse qu'il faut emprunter. L'essentiel : la découverte ! »

Les expériences à venir révèlent les parties les plus intimes de mon être, cependant il m'a semblé essentiel de les rapporter dans leur intégralité, sans le moindre arrangement, en totale impudeur. Ma sincérité offusquera sans doute certaines personnes. Elles vilipenderont le grand déballage, l'étiquetteront d'« exhibitionnisme malsain ». Qu'importe, je revendique la transparence, l'authenticité, conditions *sine qua non* pour tenter de percer les mystères du surnaturel.

1
Dialogue avec les morts

« Entrez vite, nous vous attendions »... Nous pénétrons à la sauvette dans l'appartement d'une cité de Saint-Ouen dans la banlieue parisienne. Ici, tous les vendredis soir, entre vingt-deux heures et trois heures du matin, les vivants entrent en relation avec les défunts. Rendez-vous secret par crainte des railleries et des anathèmes lancés par les sceptiques. Autour de la table de la salle à manger, quatre convives, trois hommes, une femme, âge moyen : vingt-huit ans. Face à eux le maître de maison, Joël, trente-deux ans, cheveux longs, barbichette à la d'Artagnan, visage lumineux, yeux rieurs, jardinier municipal le jour, médium la nuit. À sa gauche, sa femme Alice, qui vient de coucher leur petit garçon de quelques mois dans la chambre d'à côté. Et, à sa droite, son ami inséparable, Jean-Luc, tout en rondeur, employé dans une imprimerie, chef d'orchestre des séances. Tandis que je gagne l'une des deux chaises vides qui nous attendent, Jacques sort de sa sacoche la petite caméra vidéo avec laquelle il filmera toutes les expériences rapportées dans ce livre. Pour se protéger de l'éventuelle curiosité des voisins, Alice ferme les volets, livrant ainsi la pièce au pâle halo d'une lampe posée sur le buffet : « Obscurité ou lumière, les morts s'en moquent comme de leurs premières dents, ils pourraient communiquer avec moi sur la plage, à midi, en plein soleil. » La voix est douce, chaleureuse, sans la moindre ostentation, Joël considère son rôle de médium sans fierté particulière. Pour lui, il n'est qu'un canal, l'intermédiaire entre deux dimensions de l'univers, modestie qui amplifie encore l'admiration des autres participants. Cet homme-là sort de l'ordinaire : il a presque la sagesse d'un guide. Alors que le silence s'établit, Joël, yeux clos, détend son cou par de lentes rotations, puis tire chacun de ses doigts en le faisant craquer. C'est sa manière de se couper du monde et d'entrer doucement en état modifié de conscience. Ce rituel dans la pénombre entame mon assurance cartésienne. Le souvenir de mon père infiltre mes pensées, la perspective d'une manifestation de sa part me met mal à l'aise, je m'accroche au concept rassurant d'un monde fixé dans la temporalité.

La folle course des mots sur la feuille

Il faut que je me ressaisisse. Un journaliste doit ignorer ses états d'âme. Pour divertir mon angoisse, je scrute tous les visages, fixe un grain de beauté sur une joue, une rougeur sur une tempe. Pas du tout efficace la méthode, mon cerveau continue à brasser le passé. Après mon père, c'est l'image de mon grand-père qui me vient à l'esprit, il est là avec son éternelle casquette sur la tête, puis se présente ma grand-mère, chétive, tout de noir vêtue. Certes, je les ai aimés, les aime encore, mais je ne veux pas me sentir observé par l'au-delà. La voix de Joël me sort de mes pensées : « Au début des séances, les esprits se pressent à la table, je les vois, ils me parlent. Ils veulent juste transmettre un message... Qui, ici, a un Anglo-Saxon dans sa famille ? C'est un homme de haute stature, les cheveux roux, fort et fier. Un Écossais, un Irlandais peut-être ? C'est pour qui ?

— C'est pour moi ! »

C'est Jacques, le concerné ! Jacques. Ça me file des frissons. Sans s'arrêter de filmer, ce dernier nous apprend que dans sa famille, il y a cinq générations, un bel Irlandais a enlevé une jeune fille par amour.

« Très bien, commente Joël, il est toujours à tes côtés. Son pouvoir est grand et rayonnant. Il te protège, il tenait juste à te le dire. »

Dans un silence de cathédrale, Joël quête d'autres visions. Tête renversée, il frappe de la main la pile de feuilles devant lui. Jean-Luc lui glisse aussitôt un stylo entre les doigts. Au loin, dans la rue, quelques éclats de voix, un rire, une portière qui claque, une voiture qui démarre. Le quotidien. Ici, dans l'immobilité parfaite de l'assistance, on n'entend même pas craquer une chaise. Soudain, la main de Joël tressaute et dans une fulgurance inimaginable, elle entraîne le crayon dans une écriture ample qui remplit la page en quelques lignes. Jean-Luc la saisit, la numérote à la volée alors que Joël noircit la suivante.

Dix minutes, vingt minutes, une demi-heure, le médium crayonne toujours avec ferveur. De temps à autre, des mots inaudibles lui viennent aux lèvres. Soudain, l'automate tombe en panne, le voici, tête basculée en arrière, bouche bée ; comme morte, sa main droite a lâché le stylo. Sans se préoccuper de l'état de son ami, Jean-Luc consulte les feuilles et nous en fait le résumé.

« C'est un homme du XVIIIe siècle qui se manifeste ce soir. Ses déclarations tournent autour de l'amour qu'il porte à une femme mystérieuse... »

À présent, il lit le texte :

« Je restais là, à l'entrée de mon bureau, observant l'ombre... »

Lorsqu'il bute sur un mot, il sollicite l'aide d'Alice. Si cette dernière est également incapable de décrypter le message, la main de Joël, comme douée d'autonomie, réécrit clairement le mot illisible. Incroyable ! Et jamais il ne se trompe !

La dictée des morts

L'exercice auquel nous assistons défie tellement la raison que je cherche la ficelle d'illusionniste que Joël, Jean-Luc et les autres nous auraient goupillée, mais aucun trucage n'est possible : Jean-Luc a ouvert devant nous les ramettes de papier, elles n'étaient donc pas pré-écrites. Quant à Joël, il lui serait impossible de retranscrire à cette cadence phénoménale un texte appris par cœur sans erreur ni la moindre hésitation. Et puis, devant nous, il y a ce manuscrit de deux cent quarante pages, roman fantastique tombé des nues, séance après séance, durant six mois. J'ai survolé quelques pages, les phrases sont adroitement tournées et d'une richesse de vocabulaire étrangère à Joël et Jean-Luc qui, tous deux, ont stoppé leur scolarité très tôt. Comme ils le disent en s'amusant : « Pour nous, écrire une carte postale, c'est déjà un exploit ! »

La lecture des feuillets nous stupéfie : « Je m'éloignais avec tendresse du corridor pour entrer à reculons dans le salon qui était, quant à lui, fortement éclairé par les chandeliers des grands lustres. En me retournant, j'aperçus les invités qui sortaient de chez moi, aidés par mes gens de maison. Ma femme, qui se tenait à l'écart, rejoignait les retardataires qui s'étaient rassemblés autour d'une étrange dame pour recueillir son témoignage. Les ouvriers s'occupaient à la tâche, en silence, démontant les agréments du spectacle. Je m'approchai de la réunion afin de mieux percevoir, par le détail, les personnes qui la composaient... »

Trente pages écrites comme ça, d'un jet !

La lecture terminée, Jean-Luc annonce que nous allons passer à la deuxième partie de la séance. Assertion présomptueuse à la vue de Joël. Yeux toujours clos, tête pendante, son buste flanche. Apathie inquiétante qui n'inquiète personne. Alice se contente de caresser le front de son mari qui ressemble à un cadavre sous la lumière blafarde. Et quand les cris du bébé la précipitent dans la chambre à côté, Joël, pourtant papa modèle, reste sans réaction. Situation pesante. La hantise de l'au-delà me reprend. Pour échapper à mon obsession morbide, je reporte mon regard sur Joël. Celui-ci frissonne, oscille, soupire, marmonne et puis soudain sa voix s'affermit :

« Nous appelons maintenant les esprits avec lesquels nous avons l'habitude de travailler chaque semaine, ceux qui nous apportent un enseignement et répondent à nos questions sur l'au-delà. »

Jean-Luc me fait un clin d'œil et saisit la main de son complice. Pour la troisième fois, il essaie de caler le stylo entre ses doigts. Joël le serre et se relance dans l'écriture frénétique. Quatre pages d'un texte pas très clair, émaillé de propos métaphysiques sur le sens caché de la vie. Pierre, face à moi, voit dans ces propos impénétrables la preuve indubitable de l'authenticité des messages : « L'intelligence des esprits est par essence bien supérieure à celle de simples mortels, comme nous. »

Je réagis du tac au tac :

« Si je comprends bien, une fois mort, nous devenons des surdoués. » Ravi de ma réaction, Jean-Luc m'invite à questionner les esprits. Me voici donc en relation directe avec l'au-delà, dans une sérénité qui me surprend :

« Les morts qui nous parlent ce soir prétendent-ils nous initier à une vérité suprême ? »

La réponse fuse illico sous la plume de Joël.

« Nous, les morts, nous ne détenons pas la vérité suprême, nous nous en approchons au cours de nos voyages multiples dans l'au-delà. Chez nous aussi la révélation est une quête lente et longue.

— Pourquoi les morts communiquent-ils avec nous ?

— Par amour. Les morts communiquent avec les vivants par amour. Pour les aider et s'aider eux-mêmes à mieux avancer dans l'autre monde. L'amour est l'esprit de la matière.

— C'est quoi l'esprit de la matière ? » Aussi invraisemblable soit-il, j'alimente le dialogue.

« L'esprit des vivants crée la matière. »

Là, je dénonce la banalité de la réponse. Je veux que le ou les esprits approfondissent leur point de vue mais apparemment je manque de diplomatie, je suis beaucoup trop véhément, l'au-delà se vexe, la communication est rompue. Notre médium, livide, ressemble à nouveau à un pantin brisé. Jean-Luc le juge à bout de force et décide de suspendre la séance. Alors, on débat sur le sens des messages reçus ce soir.

Joël porte les mains à son visage, se frotte les yeux, les joues, réajuste ses lunettes, nous regarde, ahuri. Il lui faudra une bonne demi-heure pour retrouver toute sa vivacité, une demi-heure de mouvements lents à se délasser la nuque, à s'étirer les doigts, à se gratter les bras. Ses premiers mots sont pour sa femme :

« Ce n'est pas l'heure du biberon du petit ?

— Je le lui ai déjà donné ! » répond Alice dans un sourire.

Je suggère que l'ensemble de nos psychismes, liés télépathiquement, ont formé un supra cerveau, hypothèse accréditée par l'expérience menée à l'université de Montréal par le professeur Louis Bellanger. Dans les années 1990, il inventa avec un groupe d'élèves la biographie d'un personnage : nom, prénom, profession, situation familiale, lieu de résidence, date et lieu de naissance. Quelques semaines plus tard, lors de réunions spirites, ils établirent un contact avec cette entité fictive qui répondait, elle aussi, à leurs questions. Bien sûr, mon propos ne convainc personne et nous en resterions aux joutes verbales si Joël, en reprenant vie, n'accaparait l'attention générale.

Pour Jacques et moi, il est temps de nous retirer. L'assemblée nous salue sans qu'aucun de ses membres ne marque une quelconque rancune en écho à nos réticences sur les relations avec l'au-delà. Jean-Luc sent juste le besoin de me glisser : « Tu sais, peu de temps après sa mort, ma maman m'a fait savoir par l'intermédiaire de Joël qu'elle était bien là-haut. Je suis sûr que c'était elle car elle a donné des précisions que personne ne connaissait et qui se sont révélées exactes après vérification. Cette intervention de ma maman m'a permis non seulement d'accepter sa disparition, mais m'a convaincu de la vie après la mort et du lien avec les défunts. »

Confidence qui nous oblige à une nouvelle tentative de lien avec l'au-delà.

Contact direct avec les esprits des morts

« Bonjour, nous venons pour la séance de communication avec les esprits. » Mon propos ne paraît pas surprendre le gardien du Centre international de conférences, situé au 29, avenue Georges-V, qui vient de nous ouvrir. Nous le suivons, Jacques et moi, dans les couloirs vides. Nous montons deux étages, dépassons plusieurs salles. Enfin, l'écho d'une voix dans un micro nous vient de derrière une porte.

« C'est ici », marmonne notre guide qui s'éclipse instantanément.

Nous avons cinq minutes d'avance. « Respect de l'horaire, entrée rapide, installation immédiate au fond de la salle et caméra discrète » : ce sont les consignes du père Brune, grand spécialiste religieux des questions du surnaturel. C'est lui qui a joué l'intermédiaire pour que nous puissions assister, incognito, à l'une de ces réunions dominicales, grandes messes de l'invocation des morts, à l'heure des Vêpres.

Dix-sept heures quinze. Nous entrons et découvrons, dans une pièce qui ressemble à une salle de classe, une centaine de personnes installées sur des chaises face au père Brune qui termine sa conférence et à Reynald Roussel, médium, maître de séance. Après avoir applaudi le père Brune, le public se lève et va former une longue file dans l'allée centrale pour venir déposer la photo d'un disparu sur la grande table, derrière laquelle officiait notre ami curé. Les gens avancent à petits pas, tête basse, avec la concentration qui préside à la communion à l'église.

Jacques me fait signe de sortir une photo. Je ne risque pas de m'exécuter, je hais les souvenirs et n'encombre jamais mon portefeuille d'un quelconque cliché. Mais il insiste, le bougre ! Pour qu'il comprenne, je vide mes poches. D'un fatras de papiers émerge mon badge magnétique d'Europe 1 sur lequel figure mon portrait, format timbre-poste. Jacques bondit, s'en saisit et va le poser sur la table.

Derrière un pilier, le père Brune sourit à une jeune femme qui le complimente sur son dernier livre. Près de lui, debout, silencieux et solitaire, Reynald Roussel, tourné vers le mur, se concentre. Petit, souple, le visage rond mais sans épaisseur, la quarantaine au cheveu rare et court, il se prépare à rencontrer les esprits en jeans, baskets et chemise de flanelle ! Il bloque un instant sa respiration, puis souffle fort et rejoint la table. Ses mains volent dans les airs : « Cette séance de voyance en groupe a pour but de prouver qu'après la mort physique l'esprit des disparus survit dans d'autres plans. Je vais vous demander de décroiser les bras et les jambes pour augmenter votre prise face aux forces de transmission spirituelle. Pour ceux qui pratiquent la pensée positive ou la prière, je leur propose d'envoyer de bonnes pensées à la planète, au nord, au sud, à l'ouest comme à l'est. Visualisez les quatre points cardinaux de votre corps, distribuez et répandez-y votre volonté d'amour. »

La voix est enthousiaste, joyeuse. Il détache sa montre et la pose devant lui. Sa main droite s'élève au-dessus de la table, survole les photos, frappe l'une, l'autre, virevolte, s'abat de nouveau à pleine paume, rebondit, puis retombe. Cette fois, il s'empare d'un cliché, le brandit devant l'auditoire.

« J'ai un monsieur sur une plage, au soleil, avec des cheveux longs attachés, lâche-t-il, haut et fort.

— Oui, c'est mon mari », répond une voix timide au fond de la salle.

Reynald Roussel retourne la photo vers lui. Maintenant, il la tient à deux mains, à cinquante centimètres de son visage. Ses deux pouces la frottent avec vivacité. Il lisse, lisse la surface puis sa main droite jaillit et se plaque sur sa poitrine.

« Je suis pris aux poumons, oppressé par un étouffement. Il est décédé d'un infarctus, votre mari ?

— Oui », répond du tac au tac la jeune femme.

Les pouces du médium reprennent leurs glissades sur la photo. « Contact tactile qui favorise la communication avec le défunt », nous confiera Reynald Roussel après la séance. Pour lui, le mort s'incarne : il est dans la salle, là, à ses côtés.

« Il me montre un petit garçon qui reste

sur le plan de la vie terrestre. C'est votre fils ?

— Oui.

— Cette année, il change d'école.

— Oui.

— Il avait des difficultés en classe ou pas ?

— Oui, tout à fait.

— Cela va aller beaucoup mieux cette année. D'accord ? Maintenant il me fait voir un bouquet de fleurs. C'était votre anniversaire récemment ?

— Non, c'était notre anniversaire de mariage.

— Il remercie pour les prières dites afin de faire évoluer son âme.

— J'ai fait donner une messe ce matin pour la fête des Pères.

— J'entends beaucoup de musique autour de lui. Était-il musicien ?

— Oui.

— Vous portez une bague ou une montre ou un bracelet qui lui a appartenu ?

— Non.

— Parce qu'il me prend la main et me

fait voir un objet qui brille... L'âme est dégagée. Il est sur un plan de lumière et il est très bien. Il me dit : "On s'est tellement aimés que l'on se reverra." En revanche, il veut que vous compreniez que la mort n'est qu'un changement d'état. Vous ne le percevez pas, mais il n'est pas à des millions de kilomètres d'ici. Il est simplement dans un plan astral parallèle, invisible. Il faut retrouver cette étincelle de vie que vous aviez en vous, c'est important. Vous avez une question à me poser ? »

Le médium marche le long de la table d'un pas rageur : il va et vient, puis s'impatiente.

« Votre question, vite, sinon je suis coupé !

— Je voudrais savoir s'il a vu ma grand-mère qui est décédée dernièrement.

— Non, madame. À moins que... Votre grand-mère portait-elle des foulards blancs ou des écharpes blanches autour de son cou ?

— Des écharpes. Oui, elle portait des écharpes, mais la couleur, je ne sais pas.

— Elles en portent toutes des écharpes, les grands-mères. Non, il faut que cela soit précis, c'est important. Cela ne vous rappelle rien, ce cliché ? Non ? Donc il ne l'a pas rencontrée et je ne la capte pas. Voilà.

— Merci.

— Ce n'est pas à moi qu'il faut dire merci. Je ne fais que transmettre, c'est tout. »

Reynald Roussel fixe la table, lève sa main : elle s'arrête net en plein vol. Quelque chose le gêne. Il fixe le père Brune.

« Père Brune, j'ai un prêtre debout derrière vous. Vous allez avoir des indications pour une recherche très importante. Vous réaliserez ce nouveau projet dans huit à neuf mois. Il y a Jean XXIII dans cette histoire, me dit cet homme d'Église.

— C'est exact.

— Il veut vous annoncer le succès de ce travail qui, actuellement, n'avance pas.

Est-ce bien cela, mon père ? Vous êtes bloqué ? Vous l'avez mis de côté, ce travail ?

— Oui. Complètement.

— Eh bien, ce prêtre me dit que vous allez recevoir des documents auxquels vous ne vous attendez pas et qui vont venir d'un pays slave. Ils vont relancer votre ardeur et provoquer en vous la réalisation d'un nouveau livre. Vous travaillez la nuit, mon père ?

— Oui.

— Parce que ce prêtre disparu sourit en annonçant que vous allez passer bientôt beaucoup de nuits blanches à votre table d'écriture. Il y a un homme dans cette aventure qui va compter autant que Jean XXIII, tient-il à me préciser. Il me montre un G, cela vous dit quelque chose mon père ?

— Ce ne serait pas plutôt un J ?

— Attendez, je regarde à nouveau la lettre qu'il me montre... Non, c'est un G.

— Je ne vois pas.

— Et moi, je ne vois plus.

— En tout cas, merci à ce prêtre. »

Le père Brune reçoit les messages de

l'au-delà avec une sérénité pleine et entière. Rien n'étonne l'homme d'Église bien campé sur sa chaise. En plus du sourire de bienveillance qui ne le quitte pas, sa voix douce de grand conteur et sa silhouette de bon terrien à ne pas lâcher son assiette avant de l'avoir finie, il a l'intelligence vive. Pour lui, le dialogue avec les morts témoigne de l'existence de Dieu. Et c'est pour cette grande cause divine qu'il court le monde, insatiable collectionneur de témoignages surnaturels, confesseur passionné de l'irrationnel.

Le concerto pour percussions de la main et photos reprend son récital. En une heure et demie, treize photos seront choisies par le médium. Après la séance, le visionnage de nos images révélera que chaque photo sélectionnée provoque une douzaine de visions de Reynald Roussel. Le pourcentage d'informations justes, immédiatement entérinées par les personnes concernées, avoisine les soixante-dix pour cent. Seuls vingt pour cent d'entre elles demeurent une énigme et dix pour cent se révèlent totalement inexactes.

Chaque mise en relation avec un mort se conclut toujours sur un message d'espoir, les formules les plus employées par Reynald Roussel étant : « Il tient à vous dire qu'il est bien, là où il est... Il est à la fois proche de vous et en même temps très loin... Les préoccupations terrestres ne sont plus les siennes... Il vous demande de vivre votre vie et de ne pas vous inquiéter pour lui. »

À une personne venue symboliquement, en ce dimanche de fête des Pères, pour entrer en communication avec son papa disparu, le médium répond avec fermeté : « Ces fêtes ne concernent que la vie terrestre, elles ne sont plus dans les préoccupations des morts qui communiquent avec moi. » C'est donc un véritable travail de deuil qu'accomplit, en parfait psychologue, le voyant. Reynald Roussel ne s'en cache pas : sa hantise, c'est la fâcheuse tendance de certains à vouloir, à travers son travail, s'installer dans une dépendance morbide. Il n'hésite pas à les secouer, ceux-là : qu'ils réagissent, repartent de l'avant, que leurs défunts soient fiers d'eux. Mais, au détour d'une photo, la séance peut aussi prendre des allures de numéro de music-hall.

« J'ai un monsieur avec un chien à poils longs assis sur un tabouret.

— C'est mon mari, clame un petit bout de bonne femme dans les premiers rangs.

— Il est parti, il n'y a pas longtemps.

— Quatre ans.

— Non, il y a quelqu'un qui est parti il n'y a pas longtemps autour de vous.

— Mon chien, lui, est parti il y a un an.

— Ah, voilà. C'est le chien qui est sur la photo ?

— Oui. Est-ce qu'il est avec son maître ?

— Attendez ! Oui, l'animal peut retrouver son maître. Dans un cocon à part. Quand l'animal a été heureux, il peut retrouver son maître. J'ai deux V qui se mettent sur ce chien, c'est quoi ?

— Ce sont les initiales du nom de mon mari : Vincent Verdier.

— Je peux vous confirmer qu'ils sont ensemble. C'est très bizarre, mais est-ce que ce chien mangeait des carottes ? Car il me fait voir des carottes, et rares sont les chiens qui mangent des carottes crues.

— Oui.

— Voilà. Je vous annonce qu'il a été très heureux, sauf quand vous le brossiez ! »

La salle éclate de rire. Est-ce le chien qui cabotine ou le médium qui veut se détendre en plaisantant ? Ou alors les morts et les vivants s'amusent-ils ensemble ? Qui croire ? Que croire ?

À cet instant précis, la main du médium frappe mon badge. Je ressens une véritable décharge électrique, cerveau immédiatement en confusion. Reynald Roussel frotte longuement le badge, yeux fermés. Je m'évertue à chasser les souvenirs qui s'infiltrent en moi. Je me tasse sur ma chaise, croise les bras, pied gauche battant la mesure.

« J'ai un homme décédé à côté de vous ! »

À nouveau les frissons. Comment ne pas penser à mon père ? La perspective de communiquer avec lui m'effraie. Ce n'est pas lui que je crains, mais cette relation avec l'au-delà.

« C'est votre père ? Il est mort il y a quatre ou cinq ans.

— Oui.

— Il ne s'appelait pas Marc ? J'entends Marc.

— Non. Je ne suis pas encore mort, enfin je crois ! »

Je fais le fanfaron. Il n'y a pas de meilleur masque que l'humour pour cacher l'émotion. Reynald Roussel sourit, amusé, nullement blessé. Toutefois il m'appelle à la mobilisation.

« Décroisez les bras, c'est important. »

J'obéis, penaud comme un gosse.

« Ce ne sont que des symboles. Il me touche le dos, la colonne vertébrale... Un cancer.

— Il avait un cancer généralisé. »

Il insiste :

« Je suis pris par le dos.

— Ça a commencé par un cancer des poumons, suivi d'un cancer à l'épaule.

— C'est pour cela qu'il me touche le dos... Et la lettre R, ça correspond à qui par rapport à vous ? René, Raymond ?

— Non, je ne vois pas...

— Votre père était un homme très droit dans la vie car, de l'autre côté, sur le plan spirituel, il est très haut... Et le mois de septembre, le mois d'octobre, ça correspond à quoi pour lui ?

— Non, il est décédé en novembre. »

Dans l'émotion, j'oublie que mon père est né au mois d'octobre !

« De l'autre côté, on se dématérialise, on redevient cellule, mais quand on communique avec les vivants, on se recompose. Je vois quelqu'un habillé en bleu ciel. Le bleu marque sur lui.

— Ça correspond. Il était prof de gym et se plaisait à porter un survêtement bleu.

— Ah ! C'est pour cela.

— Je vois des cheveux poivre et sel coupés en brosse.

— C'était sa coupe de cheveux.

— J'ai quelqu'un de très carré d'épaules.

— Oui.

— Le mois d'octobre sera important pour vous. Je vois un écran. Une émission à la télé. Vous avez une question à me poser ? »

J'hésite, je ne veux pas rentrer dans cet échange-là. Questionner, c'est définitivement cautionner ce qui se passe ici.

« Non. Qu'il soit heureux, si ce que vous me dites est vraiment possible. »

La séance est terminée. Reynald Roussel remercie l'assistance. L'auditoire, enthousiaste, amorce une salve d'applaudissements. Aux premiers claquements de mains, le médium lève les bras, geste tranchant, impérieux :

« Non, pas d'applaudissements, ce n'est pas un spectacle. Il ne faut pas le vivre comme cela. Merci. »

Il remet sa montre. Quel étrange personnage ! Le père Brune s'approche de nous et nous donne quelques éclaircissements. À l'âge de cinq ans, nous raconte-t-il, Reynald aperçoit, en plein repas familial, des êtres qui vont et viennent par dizaines dans la pièce derrière les vivants.

Il les voit en chair et en os. La violence de sa vision l'affole. Il n'ose en parler qu'à sa grand-mère. Elle lui fait détailler sa vision et reconnaît des disparus de la famille que seul son bel âge lui a permis de connaître. Terrorisée par le don de son petit-fils, elle fait promettre à l'enfant d'oublier très vite tout cela et de n'en parler à personne. Dix ans passent. Après la mort de sa grand-mère, Reynald, adolescent, est fasciné par le surnaturel. Il appelle les esprits, et les visions s'enchaînent. Il devient alors la star de son école. À vingt-quatre ans, victime d'un grave accident de la circulation, il est considéré comme perdu : il vivra. Touché à la colonne vertébrale, les médecins lui prédisent le fauteuil roulant à vie. Il remarchera. Le dialogue avec les morts lui a donné une autre approche du monde, une foi inébranlable. Durant sa convalescence, il rencontre l'une des plus grandes voyantes du XXe siècle : Hélène Bouvier, femme sanctifiée pour son don et sa bonté par tous ceux qui l'approchent. Cette femme étonnante l'encourage à se consacrer à la médiumnité en travaillant à ses côtés. « Il est digne d'elle, nous glisse le père Brune, il s'impose des règles morales très strictes. Voyez-vous, certains n'ont pas eu à payer leur ticket d'entrée, ce soir. »

Je m'approche de Reynald Roussel.

« Quand les morts ont fini de vous parler, à quoi pensez-vous ?

— À manger. J'ai faim. »

J'éclate de rire ! Il poursuit :

« Je fais toujours les séances à jeun. Je ne mange pas de la journée pour aiguiser mon écoute. À moins que ce ne soit une ruse des morts pour m'empêcher de grossir trop vite ! Peut-être me mettent-ils ainsi au régime. Ils ont raison ! »

C'est sur cette pirouette que nous prenons congé de nos hôtes. Je me retire, perturbé. Certes, je ne suis toujours pas convaincu du lien qui nous unit avec l'au-delà ; en revanche, la description précise de mon père m'oblige, pour le moins, à reconnaître à Reynald Roussel un don époustouflant pour la télépathie.

2
La respiration holotropique

J'expire, inspire, bloque ma respiration, serre les poings : mon cerveau explose ! Cosmique, la déflagration ! Véritable big-bang. Inattendu, imprévisible. Mon esprit s'éparpille en milliards de particules. Je me désintègre, aspiré, gobé par un trou noir. Je panique, impuissant devant l'énergie phénoménale qui me fracasse. Je ne suis plus qu'un minuscule noyau de conscience. Toute ma matière peut bien disparaître dans l'éther à la vitesse de la lumière, cette ultime partie de mon être – l'âme ? l'esprit ? – échappe à l'anéantissement, mais cela ne me rassure pas, je me bats contre les forces titanesques qui dispersent mes atomes. Dérisoire, ma réplique. Et pourtant la magie de la volonté l'emporte. Stoppée, la désintégration ! J'échappe au chaos. Une à une, mes cellules se réagrègent. L'effet s'accélère. Mais, même si je me recompose, je reste incapable de comprendre ce qui m'est arrivé. Une seule certitude, je suis encore de ce monde. Je perçois de loin le rythme lancinant des tambours. Il m'accapare le cerveau et l'entraîne dans la transe. Pour ne pas succomber à cette nouvelle menace, je m'efforce d'ouvrir les yeux. Je me retrouve dans le noir presque complet. Ici et là, des lueurs de bougies me rappellent à la réalité. Je me souviens. Je vis le début de notre nouvelle expérience : la respiration holotropique. Il s'agit, par hyperventilation naturelle du cerveau, d'accéder à une conscience élargie de soi et du monde, d'où le nom « holotropique », qui signifie « se mouvoir vers le tout », terme venant du grec *holos,* tout et *treipen,* se mouvoir.

Je suis étendu sur un matelas en mousse posé derrière la porte d'une salle aux allures de gymnase, située au rez-de-chaussée d'un immeuble du 14e arrondissement de Paris. Assise à ma droite, en survêtement comme la plupart des participants, Catherine, trente-deux ans, assistante de direction. C'est elle qui, ce matin, à l'ouverture du stage, m'a choisi comme partenaire parmi les dix-huit inscrits : dix femmes, huit hommes, issus d'horizons sociaux différents, cadres, employés, enseignants, membres de professions libérales. La moyenne d'âge : quarante ans, la benjamine comptant vingt-cinq printemps et le doyen cinquante-deux.

Neuf couples se sont formés, selon la loi des atomes crochus. Ils resteront indissociables tout au long du week-end, pour quatre séances de respiration, à raison de deux par jour : une le matin, de dix à treize heures, l'autre l'après-midi, de quatorze à dix-sept heures. Indispensable, cette association par binôme. Chacun son tour, l'un des deux se retrouve « respirant », l'autre « accompagnant », selon les termes des responsables du stage : Djohar Si Ahmed, docteur en psychologie et Gérald Leroy-Terquem, psychiatre, tous deux, par ailleurs, psychanalystes. L'accompagnant veille à ce que le respirant, absorbé par son voyage intérieur, n'ait ni trop froid, ni trop chaud, anticipe sa soif, éventuellement le conduise somnambule aux toilettes. Voilà qui ne serait que routine de nounou, sans les débordements générés par les états modifiés de conscience. Les séances sont agitées. Il est fréquent de voir des respirants se dresser en furie et se ruer sur un mur pour le cogner à poings rageurs. Là, faut pas traîner, les accompagnants se précipitent. Gérald et Djohar viennent à la rescousse. Par expérience, efficaces au ceinturage, les deux psys ! Pourtant pas taillés pour cela. Elle, tout en charme, culmine à un mètre soixante, lui, malgré un bon mètre quatre-vingts, plutôt athlétique, a l'allure de l'intello pacifiste. Une fois le déchaîné maîtrisé, ils le rassurent par des mots doux puis le replacent sur son matelas. Pour autant, la salle ne retrouve pas une atmosphère de calme. L'ambiance sonore, alternance de musique classique, psychédélique, de résonances cadencées, de chants religieux, bouleverse la psyché des participants. Les uns se tordent, se convulsent, frappent le sol, se tambourinent la poitrine. D'autres geignent, pleurent ou, plus rarement, éclatent de rire. La plupart revivent les traumatismes de leur existence, traumatismes tellement douloureux que la mémoire les calfeutre dans les tréfonds du subconscient. Processus fatal ! Les horribles souvenirs sont actifs, rongent l'intérieur, noircissent les humeurs déclenchant nos angoisses et nos comportements invraisemblables, irrépressibles, en totale rupture avec nos natures respectives. Leur exhumation permet de nous libérer définitivement, comme l'avait postulé Stanislav Grof, l'inventeur de la méthode.

Les étonnantes découvertes de Stanislav Grof

Dans les années 1950, Grof, jeune interne à l'hôpital psychiatrique de Prague, décide d'expérimenter sur des patients psychotiques et schizophrènes un hallucinogène puissant très en vogue à l'époque dans la jeunesse américaine : le LSD. Comme cette molécule provoque des symptômes proches de la psychose, il envisage qu'à l'inverse elle puisse avoir des effets thérapeutiques sur les victimes de ces troubles. Bien qu'anéantie par les résultats, l'hypothèse s'avère une voie de recherche primordiale pour l'exploration de l'inconscient. Pour aller plus loin, Grof remplace les malades par des volontaires à la psyché « saine et prospère » : artistes, scientifiques, philosophes, médecins. Tout en assurant un suivi très rigoureux, il leur administre la substance. Le résultat est étonnant. Il permet une ouverture du champ de la conscience, allant de la découverte de soi et du monde, à la suractivation des potentialités de création. Sur les sujets engagés dans une analyse ou une psychothérapie, il remarque même une phénoménale accélération du travail, avec émergence de traumatismes fondamentaux qui pourtant étaient restés, jusque-là, rétifs à toute libération.

En 1968, lors de l'invasion de Prague

par les chars soviétiques, Grof s'exile aux États-Unis. Grâce à ses nouveaux patients, il constate que les éléments livrés lors des expériences dépassent la culture, l'histoire et même le cadre biographique des individus. Après des mois de travaux, il peut affirmer que toute personne en état modifié de conscience accède à ce que Jung appelle « l'inconscient collectif », à savoir une connaissance universelle hors du temps, qui expliquerait toujours selon Jung, les nombreuses similitudes entre textes sacrés et mythologies des diverses civilisations planétaires sans qu'elles n'aient jamais eu le moindre contact entre elles.

En 1970, une nouvelle loi interdisant le LSD met un terme aux recherches de Grof ! Ce dernier s'intéresse alors aux sociétés tribales qui, toutes, pratiquent des rites de guérison et d'initiation, fondés sur la transe. Or il constate que certains peuples atteignent cet état sans drogue, par le simple exercice de danses convulsives au son de musiques obsédantes. Il en déduit que le phénomène repose sur l'hyperventilation du cerveau et met au point sa méthode.

Initiés en 1980, Djohar Si Ahmed et Gérald Leroy-Terquem importent cette technique en France tout en la personnalisant. Depuis, au fil des stages, ils sont confrontés aux invraisemblables facultés ignorées de la psyché humaine.

Pour preuve, l'incroyable récit, au moment des présentations ce matin, de Carmen, l'une des participantes.

Carmen et l'enterrement de son père

Âgée de quarante-cinq ans, économe dans une institution d'enfants handicapés, Carmen entame son huitième week-end holotropique en quatre ans. Avec l'assurance désinvolte de l'habituée et la convivialité de ses rondeurs, elle nous confie sa première expérience :

« Après avoir longuement respiré, je me suis soudain trouvée à l'intérieur d'une église, une toute petite église, sobre, aux murs blancs et bancs en bois. Face à moi, un tableau de la Vierge avec, dans ses bras, l'Enfant Jésus. J'entends une voix, je tourne la tête dans sa direction et découvre un curé en pleine messe. Je dois préciser que je ne suis pas pratiquante. Je n'assiste jamais à l'office. Pourtant, dans mon état modifié de conscience, il me paraît tout à fait naturel d'être là. Je m'engouffre dans l'allée centrale et, en m'approchant des fidèles, je perçois leurs émotions, capte leurs pensées. Que de tristesse ! Ils ont tous la tête bouleversée. Je comprends que j'assiste à un enterrement. Pas autrement perturbée, je poursuis mon avancée vers le chœur et arrive devant une statue de saint Antoine. Encore quelques pas, c'est le cercueil posé sur des tréteaux devant l'autel qui me bouche le passage. Là, par une fantaisie macabre, je me glisse à l'intérieur et j'ai la sensation étrange de me fondre avec le défunt. Non pas que je me sois volatilisée, au contraire, je suis comme en veille, infiltrée dans la dépouille. C'est difficile à exprimer. Je me sens triste et sereine. J'observe sans juger, étrangère mais concernée. La messe se déroule tranquillement. J'entends les pleurs, prends part à l'abattement de l'assemblée. Je scrute tout ce petit monde entassé devant l'autel et là, au premier rang, j'aperçois ma maman, toute jeune, en noir, défigurée par le chagrin. À cet instant, je réalise que le corps sans vie avec lequel je ne fais qu'un est celui de mon père. Mon père décédé quand je n'avais que neuf mois ! Ce n'est pas une simple projection de mon esprit, je suis dans un autre monde, une sorte de quatrième dimension, je vis pleinement la situation en totale communion avec les participants, y compris avec l'esprit du défunt.

« La respiration terminée, je raconte mon histoire lors de la séance où ceux qui le désirent confient leur expérience. Djohar m'a encouragée à vérifier s'il y avait là un quelconque rapport avec la réalité. Je suis donc allée voir ma maman : elle n'en revenait pas, était bouleversée, ne comprenait pas que j'évoque des détails aussi précis que les vêtements qu'elle portait, ce jour-là, dont le souvenir ne lui revenait qu'à mon écoute. Elle ne cessait de répéter : "C'est pas possible ! C'est pas possible !" Ce qui la tracassait le plus, c'était que je n'avais même pas assisté aux obsèques de mon papa, elle m'avait laissée à la maison à la garde d'une voisine. Après ce douloureux tête-à-tête, j'ai eu le besoin impérieux de me rendre au fin fond de la Bretagne, dans le petit village où se trouve l'église. Je voulais la voir, la visiter. Elle était comme abandonnée. J'y suis entrée. Quel choc ! Ça correspondait exactement : les murs blancs, le tableau de la Vierge, la statue de saint Antoine. Tout était parfaitement conforme. Rien ne manquait. J'étais tellement sidérée que j'ai failli m'évanouir.

« Depuis, j'ai voulu y retourner et, à chaque fois, je n'y suis pas parvenue. Il n'y a pas de curé à demeure, l'église n'ouvre que pour de rares offices. Je n'avais donc pu y pénétrer que par l'étourderie du bedeau qui ne l'avait pas fermée à clé. Pour moi, cette coïncidence participe du mystère, mais, avec le temps, la raison a fini par l'emporter sur l'émotion. Cette expérience m'a permis de donner une place à ce père qui m'a tant manqué. Je sais, pour l'avoir ressenti, qu'il m'a beaucoup aimée, cette certitude m'a apaisée. Je pense que tous les orphelins connaissent l'angoisse du non-amour, pensent que si le parent disparu avait eu un vrai sentiment pour vous, jamais la mort ne l'aurait emporté. C'est tellement injuste. Il y a un tel manque. Cette séance a changé ma vie. Aujourd'hui je suis en paix, réconciliée avec mon père. »

« Ça vous étonne, non ?, nous lance Djohar tout sourire. Vous aimeriez une explication ? Au risque de chiffonner votre cerveau gauche qui est le siège de votre esprit rationnel, en voici une. La mort du papa de Carmen survient très tôt dans son existence. Et pour comprendre, il faut se reporter à la relation mère-enfant. Aujourd'hui, on sait qu'il existe un lien télépathique très fort entre les deux, qu'il est même particulièrement actif dans les premiers mois de vie du bébé. La transmission se fait d'inconscient à inconscient. La disparition du père de Carmen a été un tel traumatisme pour sa maman que cela a créé, dans la psyché de sa petite fille, ce que l'on appelle, nous autres psychanalystes, une crypte. C'est-à-dire que Carmen a enfoui, au fond d'elle-même, le choc émotionnel vécu par sa maman. Ce n'est pas tout : elle a aussi perçu qu'elle était identifiée à son papa mort. Cet amalgame, la respiration holotropique a permis de le dissiper. Carmen a ouvert la crypte. Il lui fallait revivre l'enterrement de son père pour reprendre sa vraie place, la place de la fille et laisser, ainsi, les morts aux morts. Le plus extraordinaire, c'est que le codage secret de l'inconscient de la mère s'était réalisé sans un mot, par l'effet surpuissant de la communication supérieure qui relie, entre eux, les êtres qui s'aiment. En particulier, la mère et ses enfants. »

Pour le docteur en psychologie, le cas de Carmen se classe dans les expériences qui relèvent de la psychanalyse freudienne. Elles permettent au respirant d'extirper les événements heureux ou malheureux qui ont eu lieu depuis sa naissance. Il faut y ajouter les expériences prénatales qui nous débarrassent des traumatismes perçus par le fœtus lors de son développement intra-utérin. Et puis celles dites transpersonnelles, les plus rares. Celles-ci dépassent l'histoire de l'individu et de la famille, et peuvent donner accès à la cosmogenèse : le respirant a la révélation du Divin en soi.

Saccades lubriques et sarabande des sens

Dans quel type d'expérience me suis-je engagé ? Je suis là, allongé sur mon matelas, comme tous les autres candidats au voyage intérieur. Je respire de plus en plus fort. La voix de Gérald Leroy-Terquem se mêle au tumulte des halètements et aux tambours du Burundi : « Imaginez que vous partez dans un lieu très agréable. Vous n'avez rien à diriger, rien à appréhender, rien à planifier. Vous êtes là, simplement là, vous êtes bien. Vous allez maintenant passer un contrat avec vous-même. Vous vous promettez d'accueillir tout ce qui doit advenir, quelles que soient les formes que cela prendra, les plus divines comme les plus sauvages. Vous êtes prêt à cette ouverture totale. Reprenez donc conscience de l'air qui entre et sort de vos poumons : vous allez augmenter votre rythme respiratoire, la force de votre souffle. Allez-y... »

Bouche entrouverte, j'halète, poitrine aux pistons, cerveau dans la tourmente. Balayées les idées ! Ça tourne, tourne !... Un froid glacial transperce mon dos. Mes reins se chargent d'un poids. Pour oublier la douleur naissante, je me concentre sur mon souffle, cherche sous mes paupières closes les prémices d'une image. Impatient de vivre cette nouvelle expérience, j'accélère ma respiration. La cadence de forge m'épuise. La gorge me brûle. Front aux vapeurs. La montée de chaleur épargne mon dos. Au contraire, il est pris par les glaces, broyé ! Mais je finis par oublier ces souffrances, car mon esprit s'envole, léger, ivre, évanescent, soulevé par un courant ascendant. Oui je vole, complètement nu, échappe à la gravitation, fuse au-delà de la stratosphère. Un rayonnement cosmique me cueille. Luminosité fascinante, revigorante. Un champ d'énergie m'enveloppe et me réchauffe, hormis mes reins toujours aux pôles. Entrave à la totale allégresse, ce désagrément. Pour autant, je savoure la plénitude de l'altitude, me délecte de cette luminescence du ciel, plus sublime encore qu'une trouée solaire dans le chœur d'une cathédrale. Elle m'attire, je voudrais m'y fondre.

Ce désir d'harmonie ne m'empêche pas de percevoir une présence à mes côtés. Approche furtive, rassurante, bénéfique. Je me charge d'une bonté inouïe, à croire que je croise Vénus. Et c'est bien l'amour qui me rejoint. Je reconnais sa petite voix : « Mon Marco, je viens avec toi. » Impossible de confondre, c'est elle ! Elle, la déesse, la femme merveille adulée pendant six ans et qui, un jour, a perdu l'adresse de la maison. Elle est là, nue elle aussi, beauté ensorcelante, à la grâce de danseuse. D'une brassée, elle effleure mon échine, se moule contre moi. Sa sensualité me pétille : « Laisse-toi faire, Marco, on va se donner du plaisir », me glisse-t-elle, guillerette. Une étonnante métamorphose s'opère, nos corps s'unissent en un seul. Me voici hermaphrodite. Je découvre les délices de l'intime féminin tout en conservant mes mâles vibrations : « Viens, mon Marco. » Je m'allonge sur l'étendue nuageuse qui se déroule jusqu'à l'horizon, toujours accaparé par la sphère resplendissante d'essence divine. « Tu vas voir, mon Marco, comme c'est bon de donner du plaisir. » L'appel aux débordements des sens, loin de m'offusquer, claque comme une révélation : le péché de la chair est hérésie, lamentable imposture. Évidence discutable à présent ! J'en perds toute retenue, écarte les jambes et, bassin aux fourmillements, tortille fripon. Mais c'est bien un trop-plein d'amour qui m'agite. J'en ai la preuve : de mes mains, s'échappe un flux magnétique. « Donne-toi, mon Marco, donne-toi ! » Le dégagement s'intensifie, je souhaite qu'il irradie mes compagnons de stage car, bien que totalement ailleurs, j'ai encore une vague conscience de ce que je vis ici-bas à cause de mon dos toujours gelé et douloureux. La sensation est si déplaisante que l'idée m'effleure d'abandonner là le grand voyage. Mais on ne décroche pas du merveilleux pour un simple tourment physiologique. L'offrande charnelle sous « l'aura céleste » force mes hanches aux oscillations coquines. « Offre-toi, laisse-toi aller, mon Marco. » Il y a tant d'amour dans la voix que je m'interdis de fléchir à l'agitation de la carcasse. Je déploie une telle ardeur que je finis par briser l'acier glacial qui emprisonnait le bas de ma colonne vertébrale. Je me cambre frénétiquement, en fièvre, bras en croix, tétanisé. Mes paumes crachent un flux d'énergie, j'exulte en frasques païennes avec l'univers. « Donne du bonheur, Marco. » En sueur, j'étouffe. Je me bats pour soustraire mes mains du tourbillon qui les plaque au sol. Ma volonté l'emporte. Je peux ainsi ouvrir le sac de couchage et, dans le mouvement, me débarrasse de mes vêtements, ne garde – par une réminiscence de pudeur – que mon slip. Je reprends mes saccades lubriques, sarabande des sens mitonnée au mystique, je suis en pleine extase, persuadé que l'humanité communie avec mon nirvana grâce à l'irruption magique au creux de mes mains. Et tout cela sous la resplendissance d'une lumière céleste, dans l'empyrée, allongé en suspension au-dessus des nuages.

Un aigle en majesté

Après la séance, Djohar m'apprendra qu'au bout de quarante minutes d'indécentes pantomimes, elle jugea bon de me recouvrir du duvet. Geste anodin aux vertus d'électrochoc. Instantanément, mes sens contrariés s'apaisèrent avec, pour conséquence, l'interruption du flux d'amour irradié par mes paumes et le retour sur Terre. Mais je restai aux anges, en survol d'un coin de paradis. Une vallée d'altitude, sauvage, baignée d'un soleil radieux, au zénith d'un ciel indigo. Face à moi, de hautes montagnes aux neiges éternelles. À droite, une forêt de sapins centenaires. Dans les airs plane un aigle en majesté. Pas du tout effarouché, il m'invite aux vrilles dans une complicité d'escadrille. J'en hérite son invraisemblable don de vision, yeux plus efficaces que des jumelles, je saisis ainsi, en gros plan, un écureuil assis sur une branche. Puis mon regard descend sur un large torrent qui se convulse au milieu du décor. Une truite remonte le courant avec une vivacité époustouflante. Accaparée par l'effort, elle ne repère pas l'ours à l'affût qui s'apprête à la harponner de ses griffes. Je le vois, moi. Indigné, je l'apostrophe : « T'as pas honte ? On est tous frères ! Laisse-la tranquille ! » Bon bougre, le plantigrade se range à mon prêchi-prêcha. De sa dégaine débonnaire, il bat en retraite jusqu'à un tronc d'arbre transformé en ruche par un essaim d'abeilles. Qu'il s'empiffre du miel des pauvres travailleuses n'égratigne pas ma morale. Dans cette atmosphère d'amour, je n'y vois pas un larcin, mais un cadeau des insectes.

Après deux heures de pleine félicité, des chants religieux s'insinuent dans mes esprits et me ramènent doucement à la réalité. Je prolonge, quelques instants encore, la béatitude dans un demi-sommeil puis, tout joyeux, gagne la pièce où chaque respirant s'applique à dessiner les faits marquants de son voyage. De la boîte à crayons de couleur, je n'en sors que trois : un jaune, un bleu, un blanc. Ils refléteront parfaitement ma frénésie sensuelle en osmose avec le cosmos.

Dans la séance de verbalisation qui clôt la cession, où ne prennent la parole que ceux qui le souhaitent, je ressens le besoin de confesser en toute honnêteté et donc, sans pudeur, mon étonnante expérience. Cela me permet de demander à Djohar son interprétation : « C'est typiquement une expérience mystique. Tu as été projeté au-delà de la matière, uni au vivant, à l'univers. Le deuil amoureux vécu ces dernières années s'est transformé, au cours de la respiration, en retrouvailles cosmiques. Ce que tu as ressenti, c'est la nécessité de donner du bonheur à d'autres, en t'appuyant sur la force de ton aventure sentimentale. Cette expérience dans l'estompage des limites du moi t'a permis de te dire "J'ai vécu dans ma vie une relation très rare, vraiment exceptionnelle. Maintenant, je la porte en moi comme un bonheur permanent". Tu découvres que le merveilleux est encore possible, sans la personne qui en fut la source. Tu as acquis le don de plénitude. »

Bien qu'attrayante et valorisante, cette interprétation me laisse perplexe, elle manque de rationalité. La plupart des stagiaires s'empressent de la crédibiliser, ils témoignent avoir éprouvé un rayonnement bienfaisant durant toute la séance, de s'être senti en état d'amour.

Gérald abonde dans leur sens : « Cela ne m'étonne pas, après ce que nous a raconté Marc. En état de conscience modifié, le groupe fonctionne comme un appareil psychique unique et puissant. Si l'un des participants vit une expérience particulièrement riche, les subconscients alentours la perçoivent, par résonance. C'est ce qui s'est passé. Marc, porteur d'amour, a fait fonction de passeur. La force des canaux énergétiques qu'il rayonnait vous a touchés. Il vivait une expérience extatique et voulait la partager. C'est ainsi que le bonheur se propage : par simple irradiation. »

Une dernière anecdote, en clin d'œil, pour clore ce chapitre. Ce matin-là, parti tôt de mon domicile pour pallier d'éventuels embouteillages, j'ai une bonne avance en arrivant dans le quartier. J'en profite pour m'arrêter au soleil, à côté d'un petit square. J'ouvre la capote de ma voiture afin de m'offrir une brève somnolence printanière. Avant de fermer les yeux, sans le vouloir, mon regard tombe sur le nom de la rue : rue de la Sainte-Félicité... Simple coïncidence ?

3

L'animal-totem

Profession : chaman. Lieu de résidence : Santa Fe, Nouveau-Mexique.

La déclaration d'identité n'aurait rien d'extravagant si la personne qui me faisait face était un Indien Pueblo. Mais la charmante femme qui se dresse devant moi n'a rien à voir avec ce peuple traditionnel. Blanche, française pure souche, Maud Séjournant est le symbole même de la réussite sociale qui a fait rêver les générations des années 1970 : la publicité.

Son dynamisme, son imagination, son sens de la formule et du slogan lui ont valu dès l'âge de vingt-cinq ans une réputation garante du plus bel avenir. Mais ce destin de paillettes, tout tracé, symbolisait trop une société de consommation où le matériel nie l'âme, méprise la nature. Maud Séjournant s'inscrit alors dans les divers courants qui conduisent des jeunes de sa génération à rompre avec la logique consumériste. Certains choisirent le Larzac et l'élevage des moutons. Elle s'envole vers les Amériques dans l'espoir de découvrir la vérité de l'existence auprès d'un de ces peuples que la civilisation occidentale, dans son arrogance hégémonique, a failli faire disparaître à jamais.

Sur tout le continent, les Indiens survivent vaille que vaille en petites communautés, sur des territoires rabougris et dans des conditions bien précaires, fiers de leurs origines, tenant tête aux pouvoirs établis.

Dans une logique salvatrice, ils devraient se montrer hostiles à tout contact avec les représentants de la culture dominante qui les étouffe, mais ce serait trahir les préceptes mêmes de leur conception du monde. Pour eux, il y a la Terre-Mère, tous les hommes sont ses enfants, ils se doivent de respecter les éléments qui la composent car les animaux, les arbres, les fleurs et même les pierres abritent des esprits. Pas question, par conséquent, de chasser, tailler, couper, dynamiter selon nos caprices. L'harmonie du monde, et donc son avenir, sont en cause, comme le signifie clairement ce chant :

La Terre est notre Mère,
Nous devons prendre soin d'elle.
Nous touchons son corps sacré
À chaque pas que nous faisons.
La Terre est notre Mère,
Elle prendra soin de nous.

Voilà ce que les Indiens tiennent à nous enseigner. C'est pourquoi ils accueillent volontiers toute personne, quelles que soient ses origines, désireuse d'accéder à la connaissance.

Maud Séjournant fut de celles-là.

Elle alla même beaucoup plus loin. Sa curiosité, sa sincérité conquirent si bien les tenants du savoir qu'ils lui proposèrent – rare privilège – de l'initier aux secrets de tous les rituels jusqu'à l'introniser chaman... Le chaman, précise Maud, est « l'homme qui, par la maîtrise de ses états de conscience, a accès à la réalité d'autres mondes, et sert de guide à ceux qui désirent effectuer le grand voyage intérieur conduisant à d'authentiques guérisons. Il accède à un état de conscience différent qui lui permet d'entrer dans la réalité des mythes et des visions. Grâce à cet état de conscience modifié, le chaman aide à retrouver le sentiment d'harmonie, en replaçant son interlocuteur au centre du monde. »

Convaincus de la moralité de la jeune Française, les Anciens l'autorisèrent à répandre la parole sacrée. Bien que portée par la foi passionnée du converti, Maud s'interdit le prosélytisme à gogo, se défia des curieux, des traqueurs d'exotisme, de ceux qui, guidés par la rumeur *new age*, se servent des traditions ancestrales pour alimenter leurs superstitions.

« Dans mon étude et ma pratique du chamanisme, poursuit Maud Séjournant, je me suis spécifiquement intéressée aux outils de guérison. Je délaisse délibérément certains aspects spectaculaires du chamanisme. Ce n'est pas en me déguisant en panthère dans mon cabinet de consultation que je serais d'un grand secours à mes clients. En revanche, je veux leur apprendre à converser avec leur animal intérieur, qu'ils partagent son esprit, afin de les aider dans la vie. Mon but est d'éveiller les consciences, et non pas de distraire par des phénomènes spectaculaires. Le chamanisme est une porte d'éveil. Mon rôle est de montrer le chemin, de réconcilier les dualités créées par l'histoire de chacun, de cerner les croyances qui empêchent la personne de se rapprocher de son centre du monde, son Cercle de vie. Le travail se fait au niveau des énergies subtiles. »

Les Indiens Pueblos ont la conviction de bénéficier de protections, dont celle de l'animal-totem ou « animal intérieur », croyance largement répandue sur le globe, des aborigènes d'Australie aux Massaï du Kenya, en passant par les

Nenetse de Sibérie ou les Yanomanis d'Amazonie.

Découvrir mon animal-totem est précisément ce qui m'a donné envie de rencontrer Maud Séjournant. J'avais lu son livre *Le Cercle de vie*[1] dans lequel elle raconte ses rencontres avec de grands chercheurs américains sur les traces de l'animal de pouvoir, comme l'anthropologue Michael Harner, qui enseigne comment rencontrer son animal dans son propre monde intérieur, qu'il appelle le « monde d'en bas », ou comme le psychologue Steve Gallegos qui, lui, affirme que nous possédons sept animaux intérieurs correspondant aux sept *chakras* du corps humain. L'auteur décrit les nombreuses façons de faire émerger notre animal-totem : celui-ci peut apparaître en rêve au cours de la nuit, en rêve dirigé ou encore grâce à une approche psychocorporelle. Maud Séjournant poursuit : « Il est important de comprendre que l'expérience vécue d'une réalité d'animal va

1. Maud SÉJOURNANT, *Le Cercle de vie*, Paris, Albin Michel, 2001.

bien au-delà de l'analyse du symbole qu'il représente. La différence essentielle est la charge énergétique que l'on débloque, lorsque l'on entre en contact avec l'esprit de l'animal intérieur. Les signes évidents de cette énergie sont les guérisons physiques ou émotionnelles. Les animaux intérieurs nous aident à métamorphoser nos malaises physiques, à devenir plus conscients des diverses forces psychiques qui nous habitent, à intégrer des polarités encore vécues comme opposées ou conflictuelles : le masculin et le féminin, le matériel et le spirituel, le fort et le faible... L'animal-totem fait aussi émerger ce qu'on appelle souvent "l'enfant intérieur". Je me souviens de cette jeune femme très douce, mais coupée de ses propres émotions, qui rationalisait tout et s'interdisait de sentir sa peine qui affleurait à chacune de ses paroles. Elle découvrit, dans sa poitrine, un poisson froid et statique, coincé dans un bocal. Lorsqu'elle écouta ce que ce poisson avait à dire et qu'elle accepta sa plainte, elle le vit se transformer en un lapin doux, affectueux et chaud ! Il lui demanda de le caresser, ce qu'elle fit lentement, tout en pleurant silencieusement. Elle rentrait tout à coup en contact avec la tendresse intérieure qu'elle avait toujours cherchée à l'extérieur d'elle-même. Elle retrouva ainsi la petite fille abandonnée trop tôt. Je l'encourageai à retourner souvent caresser et bercer son lapin. Elle accepta ainsi la partie vulnérable de son être et entra profondément dans ses émotions, ouvrant la porte à toute une partie d'elle-même qu'elle ne connaissait pas. Elle osa alors affronter les souvenirs douloureux qui lui revenaient, ce qui la conduisit à entreprendre une psychothérapie qui lui permit enfin de se réaliser. »

Je reçois Maud Séjournant à mon domicile lors de son voyage annuel en France. Pour moi, cette séance est plus qu'une simple expérimentation, Maud m'ayant assuré que la connaissance de son animal-totem débloquait les énergies, et avait très souvent pour conséquence des guérisons physiques. Or, depuis plus de dix ans, suite à une chute à ski, une douleur lancinante, rebelle à toutes les médecines, accapare mon épaule droite, ce qui gâche mes nuits à chaque fois que je me pose sur ce côté.

À la recherche de mon animal-totem

La séance se déroule en début de matinée, à jeun, afin de rendre l'esprit plus disponible aux effets de la cérémonie. Debout, au milieu du salon, volets à moitié tirés, je me dresse face à Maud revêtue de la tunique traditionnelle des Indiens Pueblos, avec autour du cou un collier de coquillages.

« Tends les bras vers moi, je vais te purifier », murmure-t-elle tout en faisant glisser ses mains en de grands gestes circulaires autour de ma tête et le long de mon corps.

Puis elle retire le bouquet de lavande séchée qui repose dans un vase, l'embrase et disperse la fumée dans toute la pièce. Elle procède avec minutie, à gestes lents, ne négligeant aucun recoin. Elle me demande alors de m'allonger sur le canapé, de fermer les yeux et de respirer lentement, « avec le ventre », précise-t-elle, « privilégie l'expiration, l'inspiration doit se faire toute seule, naturellement ». Je m'applique à satisfaire ses exigences, me concentre sur le mouvement respiratoire pour libérer mon cerveau de la tyrannie des pensées.

« On va faire ensemble un voyage dans le "monde d'en bas", le monde de l'esprit des animaux. Es-tu d'accord pour rencontrer ton animal-totem ?

— Oui.

— Voyons d'abord si l'esprit d'un autre animal t'envoie des messages dans ton épaule droite. Relaxe-toi complètement, ressens vraiment ton corps, commence par tes bras, tes jambes et, au passage, prends bien conscience de ton bassin. Pour être à l'aise, enlève ta ceinture. »

Dans cette symbolique de purification, la pudeur me paraît bien hérétique. Être habillé relève de l'incongru. Spontanément, je me mets torse nu pour mieux me relier aux forces cosmiques.

« Prends conscience de tes organes, ton ventre, ton bas-ventre. Puis prends conscience de ton sacrum, base de ta colonne vertébrale, remonte doucement le long de celle-ci. Prends conscience de ta cage thoracique et de tes côtes, qui montent et descendent au fur et à mesure de ta respiration. Prends maintenant conscience de ton cœur qui bat, de ton sang, de l'énergie qui t'habite. Prends conscience de tes épaules, de la manière dont elles sont détendues ou, au contraire, crispées. Prends conscience de tes bras, porte d'abord ton attention sur le bras gauche, puis sur ta main, enfin tes doigts. Passe au bras droit. Concentre-toi sur ton cou, ta tête, tes yeux, tes oreilles et essaie de pénétrer à l'intérieur de ton cerveau. J'aimerais que tu découvres qu'il y a une partie de ton corps sur laquelle tu peux vraiment compter. Installe-toi dans cet espace. De là, nous allons partir pour un voyage au centre de la terre. Je voudrais que tu aperçoives une ouverture, un puits, une grotte, un trou sous un arbre, et que tu ailles dans ce trou, à la découverte de l'esprit des animaux. Quand tu arriveras près d'une montagne, d'un lac, d'une plaine ou d'une rivière, tu décriras ce que tu vois. Ce paysage peut te paraître familier ou, au contraire, très nouveau. »

Le plus invraisemblable, c'est qu'à l'écoute de Maud des images me viennent à l'esprit. Je suis dans un état ouateux, partagé entre plusieurs rêves. Je les confesse à voix haute.

« Deux paysages se superposent ! La première image est celle d'une descente dans une grotte. Elle me rappelle une expédition de spéléologie que j'avais réalisée en Sardaigne. Il y a là un petit lac intérieur et, fait inattendu, je vois un crocodile alangui sur la berge. La deuxième image ressemble à mon expérience des respirations holotropiques. Je suis dans une étroite vallée d'altitude, traversée par un cours d'eau ; le ciel est très bleu et auréolé d'une lumière pareille à celle qui éclaire une cathédrale en plein midi par une belle journée d'été.

— C'est certes un autre monde, mais il ressemble beaucoup trop à celui que nous connaissons sur Terre. Je t'encourage à aller dans un autre espace.

— Je n'arrive pas vraiment à stabiliser une image. Ah, ça y est ! Je vois un ciel de nuit, parsemé d'étoiles.

— Bien : tu es face à ce ciel de nuit. Tu es mort. Tu as une place dans le monde des esprits des animaux. Il existe le jour, mais aussi la nuit. Je voudrais que tu demandes maintenant à l'animal-totem, celui qui te suit depuis le début de ta vie, de se montrer à toi. Tu vas le voir, ou le sentir dans ton corps.

— Je distingue deux yeux énormes ! C'est ce qui domine. Ce n'est plus dans la nuit, c'est en plein jour. On dirait un hibou, des yeux démesurés, des plumes blanches tachetées.

— Tu vois ses yeux et même sa tête ?

— Je vois surtout les yeux. Des yeux énormes, vert-jaune.

— Tu vois aussi son corps ?

— Oui. Son plumage est d'un blanc pur, avec de petites taches grenat. »

Hibou, aigle et renard

Je suis toujours allongé sur le canapé, torse nu. Maud n'a pas bougé : elle est à mes côtés et continue à me parler à voix basse. Le silence qui règne dans la pièce me donne l'impression d'être hors du temps, il favorise l'empathie entre elle et moi. Jacques, bien que témoin, me confiera plus tard avoir eu la sensation de participer lui aussi au cérémonial. Ainsi, quand j'évoque le hibou blanc, une impulsion le fait se retourner et son regard découvre un hibou blanc... sur la couverture du livre *Secrets des oiseaux*, posé sur la table basse du salon !

Maud me relance.

« Tu sens la présence de ce hibou ?

— Oui.

— Je voudrais que tu lui demandes s'il veut bien parler avec toi. Tu entendras la réponse à l'intérieur de toi, ou bien tu le verras bouger d'une certaine manière : s'il se rapproche, cela signifiera qu'il accepte le dialogue.

— Il n'y a plus rien !

— Quelquefois, l'animal est si proche de toi que tu le sens dans ton corps, ton dos, tes jambes, ta poitrine. Il est vraiment très proche. Tu le vois. Chacun a sa manière d'entrer en contact avec l'animal. Dis-lui, au plus profond de toi, que tu souhaiterais le rencontrer. L'animal-totem est toujours très heureux d'être enfin pris en considération.

— C'est très bizarre : j'ai l'impression de me fondre dans ce hibou. D'ailleurs, il est tellement démesuré que je m'aperçois maintenant que c'est un aigle. Ses ailes sont larges, très puissantes. Je sens qu'il désire s'envoler.

— Demande-lui ce qu'il a fait pour toi jusqu'à aujourd'hui.

— Oui, c'est un aigle. Un aigle blanc. Il est posé sur un pic au sommet d'une montagne. Il domine le monde dans un ciel bleu, lumineux.

— Un aigle blanc, tel que tu le décris,

n'existe pas dans la réalité. En revanche, qu'il ait cet éclat de pureté montre que tu cherches à vivre dans la lumière. Est-ce qu'il est prêt à parler avec toi ? Est-ce qu'il peut se rapprocher de toi ?

— Oui, car il n'est pas loin.

— Donc il peut t'entendre.

— Oui.

— Quand tu lui demandes ce qu'il a fait pour toi, jusqu'à présent, qu'est-ce qu'il te répond ?

— Il ne répond pas. Il dit plutôt : "Je t'ai fait voler."

— Je t'ai fait voler ?

— Je t'ai fait voler au-dessus du monde. On domine ce monde et les montagnes, proches du ciel. On est au sommet des crêtes. On est maîtres de l'univers : "Je te fais planer pour que tu échappes au registre terrestre."

— Je voudrais que tu lui exprimes toute ta reconnaissance de t'avoir emmené dans cet espace avec lui. Tu peux prendre un moment pour faire ça ?

— Oui.

— Remercie-le à ta manière.

— Je l'ai fait naturellement, avant même que tu n'en parles. Et au même moment, l'aigle s'est envolé à nouveau, comme pour dire : "On y retourne."

— On y retourne où ?

— Au-dessus du monde.

— A-t-il eu le temps d'entendre toute la gratitude que tu lui exprimais ?

— Oui. Et il me dit, dans un écho : "On peut y aller."

— Tu lui as appris à sentir la gratitude ?

— Oui, oui.

— Comment le sens-tu ?

— Je le sens dans ma poitrine. J'ai aussi la sensation étrange d'être, en même temps, l'aigle.

— Je voudrais que tu lui demandes ce que tu pourrais faire pour l'accompagner.

— Il a besoin de voler. Je ressens ce sentiment de plénitude, comme si on ne faisait qu'un. On est libre. Au-dessus des montagnes ! Il a envie de se déployer, de monter plus haut.

— Tu es d'accord pour faire ça avec lui ?

— Oh oui ! »

Tout en gardant une très vague conscience d'être allongé sur le canapé, je vis pleinement la situation.

« Je voudrais que tu prennes un moment pour voler avec lui. Monte sur son dos pour qu'il t'emmène dans l'espace. Abandonne-toi complètement à cette sensation. Peux-tu décrire cela ?

— Je perçois surtout ses ailes puissantes, son œil acéré et dominateur, très vif, l'envie de voler à très haute altitude. Il veut prolonger ce moment.

— Je voudrais, sans parler, que tu te laisses complètement aller à l'expérience, dans ton corps, dans tes émotions, dans ton mental. Si tu as envie de danser avec lui, de l'embrasser, sois libre de le faire. Pars avec lui aussi haut qu'il peut t'emmener. Les aigles sont les seuls animaux à pouvoir monter très haut, le plus haut possible dans le ciel, vers le soleil : c'est là qu'il t'emmène. »

Je n'ai aucune difficulté à oublier Maud pour me laisser totalement absorber par la scène imaginaire. J'ai vraiment la sensation de ne faire qu'un avec l'aigle. Je suis dans les airs, ailes déployées, le vent glisse sur ma peau, j'avance instinctivement à l'affût des courants ascendants. Quelle allégresse, je vole ! Tout est minuscule en dessous comme un décor de train électrique. Je monte, monte, aspiré, complice du soleil aux rayons éclatants. Il me chauffe le dos tandis qu'une brise d'altitude flatte mon poitrail. La plénitude est intensifiée par le silence... Je tournoie dans de grandes arabesques, porté par les airs. La lumière solaire est si magique que je veux l'atteindre, m'unir à elle... La sensation est tellement intense que je l'exprime à voix haute...

« Bien, bien ! Fonds-toi en ce point lumineux. Aie confiance en l'aigle, il te redescendra à la fin de votre vol.

— C'est comme si nous étions mêlés. Nous avons atteint cette lumière solaire ! Nous participons à son rayonnement. Quelle plénitude !

— Maintenant j'aimerais que tu reviennes. L'aigle est-il d'accord pour t'attendre sur le pic ?

— Ce n'est pas comme ça. J'ai fusionné avec lui.

— Bon, alors laisse-le où il est. Si vous êtes ensemble, restez ensemble. Je voudrais maintenant que tu te concentres sur ton épaule qui te fait souffrir. J'aimerais savoir s'il y a un animal, un animal blessé, un animal malade, un animal dont on ne s'occupe pas assez, qui réside dans cet espace et qui nous appelle, en déclenchant cette douleur. Demande-lui de se montrer. C'est peut-être un petit animal fragile ou un grand animal auquel on a laissé trop peu d'espace. »

À croire que Maud me possède. J'abandonne l'aigle et le vol prodigieux, et me retrouve dans une trouée de sapins. En une fraction de seconde, je passe de la nudité en plein soleil aux vêtements de ski sous la neige. Ce n'est plus de la fiction mais un souvenir... Je revis la chute. Je suis debout à côté de la princesse d'amour. Nous sommes immobiles. Je m'apprête à l'embrasser mais, par manque d'adresse sur les planches, badaboum, je m'écroule sur l'épaule droite !

« Pense à ton animal. Laisse-le sortir de ton épaule.

— C'est un renard ! »

Dans les sous-bois débarrassés de la neige, je découvre à mes pieds, alors que je suis à nouveau nu, un renard !

« Y a-t-il un rapport avec ton accident de ski ?

— Non.

— Quelle est la couleur de ce renard ?

— Orange. Il a une grande queue. Il est vif.

— Il est vif ? C'est un mâle ou une femelle ?

— Je ne sais pas, il est assis sur son postérieur. Sa queue ressemble à celle d'un écureuil.

— Les animaux peuvent avoir des formes auxquelles nous ne sommes pas nécessairement habitués. As-tu envie de t'approcher pour l'apprivoiser ?

— J'ai surtout envie de le caresser, de lui dire "Je ne t'en veux pas".

— Comment réagit-il ?

— Il soulève sa tête, se laisse approcher. On dirait un chien. Il se couche, ventre en offrande dans l'attente de caresses.

— Joue avec lui. Mais cherche aussi à voir s'il n'y a pas un autre animal dans ton épaule. Si c'était le cas, de quel animal pourrait-il s'agir ?

— Je vois toujours un renard. Il me rappelle une histoire vécue il y a quelques années sur la Côte d'Azur, alors que j'habitais une maison isolée sur une montagne au-dessus de Monaco. Un soir, j'ai été réveillé par un tapage énorme. Le bruit était tellement fort que j'ai cru que des rôdeurs cherchaient à s'infiltrer par la cave. J'ai hurlé pour les dissuader, mais comme le vacarme continuait, je me suis précipité, inconscient, vers les profondeurs de mon domicile. Personne ! Le bruit avait cessé. Je suis retourné me coucher. Plusieurs mois après, j'ai retrouvé un cadavre de renard dans la cave. L'animal était mort d'épuisement, à force de gratter pour essayer de s'enfuir.

— Ce pourrait être ce renard, qui est enfermé dans ton épaule ?

— Je ne sais pas : il veut s'échapper d'une prison dans laquelle il est enfermé.

— Est-il en vie à l'intérieur ?

— Oui, il est en vie, mais dans le noir, sans lumière. Oh, c'est une femelle ! Elle s'offre à moi ! Elle insiste pour être prise. »

Me voilà en plein débordement de sensualité. Cette frénésie, empreinte de mythologie grecque, ne me gêne pas, comme elle n'offusque pas Maud.

« Ta douleur a-t-elle disparu ?

— Dans cette position, je ne peux rien dire puisque je suis sur le dos. La douleur n'apparaît que quand je me mets sur le flanc. Je vais essayer de me tourner. »

Tout en passant à l'acte, j'ouvre les yeux... et j'éclate de rire en découvrant le titre d'un livre qui coiffe une pile : *Les Doigts du miracle,* autobiographie d'un chiropracteur aujourd'hui disparu : Lucien Vaimbert.

Hélas, la douleur à l'épaule me rappelle à la réalité ! La synchronicité[1] s'avère taquinerie de l'indicible.

1. La synchronicité est une coïncidence signifiante, c'est-à-dire chargée de sens pour l'intéressé à qui elle laisse un sentiment troublant et mystérieux.

« L'harmonisation n'est pas toujours immédiate, conclut Maud. C'est dans les jours, parfois dans les semaines qui suivent que l'on note l'effet. J'espère qu'il en sera ainsi pour toi. Pour que l'animal-totem agisse, il faut croire en lui et ne pas hésiter à le solliciter. Qu'il te serve de guide le soir où tu as un doute. Réclame-lui alors son éclairage. Sois à l'affût des coïncidences qui viendront comme des réponses à ton questionnement. Surveille aussi tes rêves. »

Je n'ose la contrarier, mais je me vois mal en appeler à l'aigle pour trouver une solution. Moi qui néglige déjà d'en référer à Dieu ou aux anges ! Peut-être suis-je trop orgueilleux, mais je persiste à considérer que le devoir de chacun est de mériter son existence. Le seul précepte religieux que j'admette : « Aide-toi, le ciel t'aidera ! »

De cette expérience, je retiens que je me retrouve en état modifié de conscience pour la deuxième fois et que, de mon tréfonds, jaillit la métaphore de l'aigle !

« Dans l'ancienne Égypte, conclut Maud Séjournant, l'aigle symbolisait la résurrection, illustrant la descente d'une parcelle de la conscience divine en l'individu et son retour à Dieu. Pour les mystiques du Moyen Âge, l'aigle volant vers la lumière du soleil évoquait la vision de Dieu. Et pour les chrétiens, l'aigle représente le Christ qui élève les âmes et les conduit vers le Ciel. »

Si j'ai bien compris, l'aigle prédestinerait à une révélation mystique. J'accepte la perspective avec sérénité et me dis que les expériences à venir ne pourront que faciliter cette ouverture au divin, si celle-ci doit vraiment se produire.

4

La voyance dans tous ses états

Incontournable, la voyance, dans un livre comme celui-ci. Mais, je vous dois la vérité, l'expérimentation qui suit est antérieure de six ans à l'écriture de cet ouvrage : elle remonte à 1997.

Une année noire pour moi ! Le destin m'avait mis le grappin dessus et me tisonnait aux souffrances. Du jour au lendemain, je m'étais retrouvé sans émission à la radio et à la télévision, la femme sublime, déjà évoquée à plusieurs reprises dans les chapitres précédents, me quittait sans que rien n'ait laissé présager cette rupture, enfin, des examens de routine à l'hôpital révélaient que mon père était atteint d'un cancer. Tous ces événements me dégringolaient sur le crâne en un mois et demi ! Anéanti, le corps comme coincé en permanence dans un étau, soumis à un régime de bouffées de fièvre et d'irrépressibles débordements de pleurs, je mobilisais l'anémique énergie qui me restait à chercher des idées de reportages à proposer à la pige. Il me fallait un sujet accrocheur, original et rapide à monter. L'étincelle me vint lors d'un déjeuner avec Guy Slakmon, mon « éveilleur » à l'irrationnel. En cette période, cet ami récent se montrait l'un de mes plus actifs soutiens. Ses études de médecine terminées, ce personnage atypique avait préféré, à la respectabilité d'un cabinet, courir le monde pour étudier les pratiques de guérison des peuples traditionnels. De ces années d'errance à côtoyer chamans et médecins, il revint avec la certitude de l'existence d'une pensée magique. D'une voix calme, sans la moindre recherche d'un effet oratoire, il racontait – à condition de le presser à la narration –, dans le moindre détail, les histoires dont il avait été témoin. Il s'agissait de cas de voyance, de télépathie et autres phénomènes encore plus brindezingues qui, venant de la bouche d'un esprit aussi brillant et rigoureux, attisaient la curiosité et invitaient à reconsidérer le paranormal, sans *a priori,* débarrassé des étiquettes « obscurantisme » et « charlatanisme ». Pour m'inciter à la réflexion, Guy me rappela la place essentielle occupée par l'irrationnel dans toutes les civilisations. « Logique ! » m'étais-je exclamé, triomphant, dans un sursaut de mon indécrottable scepticisme. Déconcerté par l'hostilité de la nature, l'homme s'est réfugié dans les croyances pour se concilier le Ciel. Il en est même arrivé aux sacrifices humains tant l'absence de connaissances prédispose aux superstitions. « Cinglant argument !, ironisa Guy, mais que fais-tu des comportements de civilisations extrêmement avancées, comme celle érigée par les Grecs dont la culture conditionne toujours nos esprits ?

— Les Grecs ?

— Oui, les maîtres de la pensée, les philosophes, les mathématiciens, les physiciens. Eux aussi vivaient sous les auspices du magique ! Aucun homme important – même Alexandre le Grand – ne prenait de décision sans consulter les oracles. Et il n'y avait pas que ceux rendus par la Pythie à Delphes, les devins pullulaient et tout était bon pour leur art : le vol des oiseaux, la chute des feuilles, l'auscultation des entrailles des animaux... Sans oublier l'observation des blancs d'œufs dans un liquide, l'ovomancie, l'interprétation de la position et la forme des nuages, la néphélomancie, les dessins formés par des gouttes de cire fondue au contact de l'eau, la céromancie. Depuis ces temps anciens, les supports n'ont cessé de fleurir, retenons le marc de café, le pendule et le fameux tarot dont le plus connu, celui de Marseille, fut créé en 1761 par le Français Nicolas Conver... »

Inépuisable, l'ami Guy ! Une académie de l'occulte à lui tout seul. Cours magistral, sa conversation ! Je tenais le thème de mon reportage.

Cartes sur table

Bien que l'origine du tarot ne soit pas établie, on sait qu'il associe les symboles de la kabbale à ceux des francs-maçons et des alchimistes. Les plus vieux jeux retrouvés datent du XVe siècle, ils viennent de la cour des princes d'Italie du Nord, chaque exemplaire était alors peint à la main par un artiste. C'est sous la Révolution, alors que religions, superstitions, occultisme sont stigmatisés, que le tarot, sans nul doute servi par les incertitudes du temps, connaît un essor fulgurant. Parmi les devins qui prolifèrent à cette époque, un certain Jean-Francois Aliette, professeur d'arithmétique de son état, devient populaire sous le pseudonyme d'Etteila, nom qu'il donne au jeu pour lequel il dessine de nouvelles figures.

Reste que la gloire authentique revient à l'une des utilisatrices de son tarot, qui, plus tard, inventera le sien : Mlle Lenormand. Fille d'un drapier d'Alençon, elle monte à Paris à l'adolescence pour se faire embaucher comme petite main dans un atelier de couture. Bien que sérieuse, appliquée, ce n'est pas son travail qui la distingue des autres ouvrières mais ses flashes de voyance. Tellement étonnantes ses prédictions que, le soir, elle est condamnée aux heures supplémentaires pour éclairer les ouvrières sur leur avenir. De fil en aiguille, c'est au tour des clientes de la consulter, si bien qu'elle finit par ouvrir un cabinet rue de Tournon où la rumeur de l'exactitude de ses oracles attire des personnalités de l'aristocratie chancelante et certains chefs de la Révolution naissante. Ainsi, un soir d'août 1789, trois gaillards, à la nuit tombée, glissent tels des fantômes jusque chez elle. Elle reconnaît Marat déjà très populaire, identifie aussi le deuxième, élégant, perruque impeccable, c'est Robespierre. Le troisième, à la beauté conquérante, n'est autre que Saint-Just. Comme ils estiment leurs destins liés, ils réclament un tirage commun. Ils battent le jeu, coupent chacun son tour, puis écartent douze cartes. Marie-Anne les retourne et se fige dans le silence ! Ils exigent qu'elle énonce clairement son verdict...

Ah, ils veulent savoir ? Ils sauront ! Elle se racle la gorge et lâche froidement : « Je vois, pour chacun de vous, une mort prochaine ! »

Les comparses se forcent à tourner cela en dérision pour conjurer le mauvais sort, puis, faussement goguenards, se retirent en clamant que tout cela n'est que foutaises. Mais, dès l'exécution de Marat, Robespierre et Saint-Just reviennent séparément. L'Incorruptible est dès lors un consultant régulier. Pourtant Marie-Anne ne lui témoigne aucune sympathie, ne le ménage guère, comme elle en témoigne dans ses mémoires, *Les Souvenirs prophétiques d'une sibylle* : « J'ai vu de bien près le farouche Maximilien, écrit-elle. C'était un homme sans caractère, superstitieux à l'excès. Je l'ai vu fermer les yeux pour toucher une carte et blêmir à la vue d'un neuf de pique. » Et de conclure : « J'ai terrorisé Robespierre ! »

Pour comprendre la réaction de l'Incorruptible, il faut savoir que le neuf de pique symbolise souffrances et épreuves ; ce tirage confirmait donc le premier effectué cinq ans auparavant annonçant la mort, augure auquel il pensait peut-être avoir échappé avec le temps.

Parmi les anonymes, qui en pleine Terreur se pressent chez Mlle Lenormand, retenons un jeune capitaine à l'uniforme mité. Lui aussi la quitte mécontent, il peste contre le charlatan. Pensez ! Alors qu'à vingt-quatre ans il n'est même pas affecté à un régiment, elle lui a prédit : « Des honneurs au-dessus du commun des mortels, un destin de roi qui lui ferait survoler l'Europe tel un aigle. » Oh, la folle ! Il aurait mieux fait d'épargner la dépense de la consultation. Le souvenir de ce mouvement d'humeur a sans doute amusé Bonaparte des années plus tard. Pour autant, il ne revint jamais rue de Tournon faire amende honorable auprès de la pythonisse qui suivait son ascension à distance. Elle était d'autant plus attentive à sa fabuleuse destinée qu'elle l'avait perçue une deuxième fois en 1794, alors qu'elle était incarcérée à la prison de la Force. Un matin, un geôlier lui remet un message en provenance de la prison des Carmes, émanant de la femme du vicomte de Beauharnais, Joséphine. Inquiète sur le sort de son époux, celle-ci avait décidé d'entrer en contact avec Marie-Anne, sous la pression de certaines codétenues intarissables sur le don exceptionnel de la voyante qu'elles avaient elles-mêmes expérimenté. Deux jours plus tard, la belle Martiniquaise reçoit en réponse un papier chiffonné ; elle le déplie et le lit. Suffoquée par le contenu, elle le révèle à ses complices d'infortune. « Mon pauvre mari va mourir, mais je sortirai d'ici vivante, et je rencontrerai un jeune officier qui fera de moi la reine de France. » Joséphine occulte la conclusion de la prédiction : la fin dramatique de l'invraisemblable destin ! Tous ces faits sont bien saugrenus pour les biographes patentés à la réputation sérieuse, pour autant ils figurent dans les mémoires respectifs de Mlle Lenormand et de Joséphine qui, précisons-le, devinrent excellentes amies, après que Mme Tallien eut conduit, en 1796, la jeune veuve de Beauharnais rue de Tournon. Quant à nous, nous donnons crédit à cette version de l'histoire trop magique pour que les historiens s'y intéressent. Néanmoins, avant d'aller plus loin et de vous rapporter mon vécu au contact des devins, je tiens – au risque d'offusquer les inconditionnels de la voyance –, je tiens, à la lumière de mon expérience, à préciser mon analyse du phénomène. Sous le vocable « voyance » se distinguent trois états différents :

— La lecture du passé.

— La perception d'un événement à distance : par exemple le maître d'un chien disparu depuis plusieurs jours, inquiet, consulte un médium, lequel le rassure. Il « voit » l'animal bien vivant, il a seulement une patte cassée. Si le voyant est vraiment doué, il précise même le lieu où gît la pauvre bête.

— L'annonce d'événements à venir, qui se répartit elle-même en deux catégories :

D'une part, l'avenir en germe. Par exemple, une femme stérile apprend d'une sibylle qu'elle est enceinte, ce que confirment les tests de grossesse qu'elle s'empresse d'effectuer. De même, une personne en pleine forme se rend à l'hôpital sur les conseils d'un voyant qui la « voit » gravement malade. Des radiographies, voire une IRM, révèlent alors un cancer à l'état embryonnaire. Dans ces deux cas la prophétie relève, comme dans la captation à distance, du don de télépathie, don, certes, déjà prodigieux en soi, et que réfutent les rationalistes purs et durs, mais qui ne remet nullement en cause notre rapport au temps.

D'autre part, le stade ultime de la voyance, le plus dérangeant et aussi le plus rare : la précognition authentique, comme dans les cas de Bonaparte et Joséphine de Beauharnais.

Ces prophéties, totalement improbables à l'instant où elles sont énoncées, remettent en cause notre perception du temps. Toutefois, des études rigoureuses réalisées auprès de sujets aux facultés psychologiques exceptionnelles plaident en faveur de l'hypothèse d'un nouveau concept temporel. Ainsi les expérimentations menées dans les années 1970 par Gérard Croiset, médium hollandais, malgré ses nom et prénom bien français, ouvrier agricole de son état, aujourd'hui décédé. Croiset avait réussi de tels prodiges dans la recherche des disparus qu'une institution aussi sérieuse qu'Interpol n'avait pas hésité à faire appel à ses services pour ses enquêtes. Sur quatre cents cas traités, il en résolut quatre-vingts pour cent. Il lui suffisait pour agir que lui soit adressé une photo ou un objet ayant appartenu à la personne recherchée. Support en mains, il se concentrait et, de suite, informait si la victime était vivante ou morte, puis sur une carte indiquait avec une précision d'une dizaine de mètres le lieu où la dénicher. Subjugué par ces résultats, un professeur de l'université d'Utrecht, Wilhelm Tenhaeff, proposa à Gérard Croiset de se soumettre à une série de tests, dont celui dit de la « chaise vide ».

Le processus était simple. Le voyant devait décrire, vingt jours à l'avance, la personne qui occuperait un siège tiré au sort dans une salle où se tiendrait une réunion publique. Pour que l'opération soit incontestable, le professeur Tenhaeff exigeait que son cobaye précise, par écrit, l'âge, la tenue vestimentaire, la profession et même la couleur des cheveux du spectateur. Une seule fois, Croiset fut incapable de déterminer le moindre élément d'information or, le jour de la réunion, l'on constata que le siège était resté vide ! Malgré la qualité de ces travaux, il me paraît hâtif de les considérer comme la preuve indubitable d'authentiques précognitions. En effet, le rapport ne précise pas si, au moment de la voyance, le fauteuil désigné était déjà loué. En admettant que ce soit le cas, le prodige du médium devrait être classé dans le dossier « Télépathie ». Tout ce long préambule pour vous montrer quelle fut ma recherche d'informations sur ce sujet, dont j'ignorais tout, dès lors que je le proposais comme reportage. Comme le thème avait été maintes fois traité, l'originalité de ma démarche fut de me placer comme cobaye afin que les téléspectateurs puissent juger d'eux-mêmes si les prédictions des voyants se corroboreraient. Séduits par cette approche, les responsables de l'émission *Le droit de savoir* sur TF1 signèrent le contrat.

Dans le monde des voyants

Les médiums, stars des plateaux télévisés, ayant refusé de se prêter à mon jeu, je portais mon intérêt sur les rayons ésotériques des librairies. Que d'ouvrages sur le sujet ! Dans la surabondance racoleuse, le hasard me fit tomber sur un livre d'Éliane Gauthier, rangé à la verticale, en un seul exemplaire : *Voyance, de la dépendance à la liberté*[1]. La lecture de la jaquette me convainquit. La voyance mâtinée de psychothérapie paraissait judicieuse. Et puis l'auteur sortait de l'ordinaire ; ancienne vedette de la télévision aux côtés de Casimir, elle avait délaissé sa notoriété pour prendre le risque d'une nouvelle aventure professionnelle avec les incertitudes financières que cela sup-

1. Éliane GAUTHIER, *Voyance, de la dépendance à la liberté*, Paris, Albin Michel, 1995.

posait. J'y voyais un gage d'honnêteté intellectuelle. C'est par l'intermédiaire de son éditeur que j'entrais en contact avec elle.

Une semaine plus tard, nous étions assis face à face autour d'une table et, bien que la lumière fût allumée, Éliane Gauthier prit soin de placer une bougie à côté de nous.

« Cela ne sert à rien, dit-elle, mais c'est un rituel qui favorise l'empathie avec le consultant. Surtout, ne me dites rien. Je dois rester dans l'ignorance de votre personnalité et de votre vie, même si, en l'occurrence, je sais très bien que vous êtes journaliste et que vous passez à la télévision. Je ne suis pas Mme Irma : pour moi, l'avenir dépend de notre libre arbitre. N'attendez donc pas de moi que je vous trace le chemin de votre vie. Je vais essayer d'entrer en contact avec votre inconscient, de décrypter ses forces profondes et de vous mettre en accord avec le cheval, comme disait Freud, pour que vous alliez, plus unifié, vers votre avenir et que vous jouiez votre part de liberté.

Car tout n'est pas écrit : c'est souvent le passé qui revient sous forme de fatalité.

— Vous pensez donc, et ça me rassure, que notre destin n'est pas prédéterminé ?

— La voyance est un scanner de l'inconscient. C'est ce que j'ai découvert à travers mon travail de psychanalyse. Il s'agit de détecter les bombes qui deviendraient fatalité dans l'avenir. Pour autant, je suis persuadée qu'il existe aussi des moments incontournables, déjà inscrits. Mais, entre ces points préétablis, vous avez une totale liberté d'action : c'est là où vous pouvez être véritablement créatif ! »

Une chose me chagrine en écoutant Éliane : comment peut-on être, à la fois, obligé de se retrouver en des points donnés, tout en suivant des routes en toute liberté ? Si j'emprunte un chemin buissonnier, cela prendra du temps, alors que l'autoroute me propulserait beaucoup plus rapidement. Sans compter que les événements que je vivrais seraient totalement différents : j'arriverais donc dans ces « étapes de vie programmées » en étant différent, je pourrais même avoir subi des accidents touchant mon intégrité physique ou intellectuelle, ce qui ferait que je ne vivrais plus ces étapes de la même manière ! Motus, l'instant n'est pas aux réflexions.

Avant de passer au tirage, Éliane Gauthier prend une cassette qu'elle place dans un magnétophone, pour enregistrer la séance. Tous les médiums font de même.

« C'est essentiel, me dit-elle. Cela vous permettra de réécouter notre séance quand vous le souhaiterez et de vérifier si vous êtes bien en adéquation avec ce chemin de vie. »

Alors que je m'attends à voir apparaître des tarots, c'est un jeu classique de cinquante-deux cartes qu'elle bat devant moi : « Coupez de la main droite. » Furtivement, elle regarde les deux cartes de coupe, sous chaque tas. Mais une professionnelle n'est pas à l'abri d'une maladresse et dans le mouvement pour reformer le paquet, trois cartes lui échappent : trois as !

« C'est superbe, clame-t-elle. J'y vois le symbole de la transformation ! »

Jusque-là, j'étais relativement étranger à la situation – je la vivais, disons, en ethnologue –, me voici soudain captivé. Comme quoi, rationnel ou pas, on n'est jamais totalement insensible au magique.

Après avoir étalé le jeu devant elle, Éliane Gauthier retourne plusieurs cartes. Étonnant : trois rois apparaissent les uns derrière les autres !

« C'est le signe d'une dynamique de l'action, l'annonce d'une opportunité par le masculin, et d'une réussite dans tout ce qui touche aux signatures. Vous allez vers la joie ! Tirez d'autres cartes, toujours avec la main droite. »

Dame de cœur !

« C'est la femme aimée. Elle est dans une grande souffrance. Elle semble avoir désiré un enfant de vous, mais cela ne s'est pas fait, à cause d'un hiatus entre vous deux ! Je sens beaucoup d'amour et de force de rencontre dans cette carte. Quelque chose va rejaillir, mais tout doucement. J'ai bon espoir de voir cette union se refaire. »

Imaginez l'effet ! À l'époque, la douleur de l'amour perdu m'oppressait encore et voici qu'Éliane Gauthier rameutait clairement l'espoir. Or, celui-ci me paraissait d'autant plus crédible que la voyante avait parfaitement identifié la cause de la rupture : la femme aimée s'était bien envolée parce que je lui refusais les joies de l'enfantement. Je suis donc bouleversé à son écoute. Un dernier détail amplifie mon trouble : sur la dame de cœur, je lis « Vénus ». Indifférente à mes émotions, mon interlocutrice poursuit le tirage, bat les cartes, me demande de les couper à nouveau, d'en choisir dix et de les retourner avec ma main gauche... Consigne à ne pas transgresser : l'utilisation de la main droite parasiterait les champs d'énergie !

Le tête-à-tête dure ainsi une heure, je suis captivé, littéralement absorbé, rivé à ce qu'elle assène d'une voix douce assurée. Si tout cela est de l'attrape-gogo, je suis un gogo ! Dans ma tête résonnent des phrases clés :

« Vous avez un jeu superbe... Vous amorcez des années d'expansion et d'ouverture... Figures masculines et féminines se correspondent, c'est le symbole de l'équilibre... Vous n'aurez pas à franchir de muraille de Chine... Les couples se font, je suis vraiment confiante quant au retour de la bien-aimée... Professionnellement, quelle réussite, vous allez rayonner... Les signatures se multiplient... Le livre que vous écrivez sera une clé de votre évolution, ce roman vous vaudra la consécration... ! Vraiment, vous n'aurez plus à travailler contre la fatalité, le bateau va dans la bonne direction, les vents vous portent... »

Toutefois, en la quittant, Éliane me glisse : « Évidemment ne vous attendez pas à trouver un tapis de roses derrière la porte, vous amorcez un très bel avenir. Laissez le temps au temps. » Comment ne pas accepter les augures quand ils attisent mon optimisme, comme quoi il n'est pas innocent de se confronter à un voyant.

Pour poursuivre mon enquête, j'utilise la méthode qui me semble avoir si bien réussi avec Éliane, à savoir fouiner chez un libraire. Cette fois, le livre que je remarque est celui d'un professeur de statistiques à l'université de Toulouse-Le-Mirail : Yves Lignon[1].

Depuis plus de trente ans, sans véritables moyens mais avec la rigueur du mathématicien, il étudie les phénomènes paranormaux. Dans ce travail, il a placé sous observation différents voyants : lorsque l'un d'eux a une vision concernant l'actualité mondiale, il appelle Yves Lignon et lui raconte, dans le détail, ce qu'il a perçu. Ainsi enregistrée, la prédiction ne peut plus être façonnée, voire arrangée, pour mieux coïncider avec un événement qui surviendra dans le futur. « Je vais vous donner un exemple, me dit Yves Lignon pour me convaincre. Un soir de juin 1994, un dimanche, Yolande de Châtelet, l'une des personnes avec lesquelles je travaille, m'appelle pour me dire qu'elle a vu de grandes explosions

1. Yves LIGNON, *L'Autre Cerveau*, Paris, Albin Michel, 1992.

lumineuses, de nombreux cortèges funéraires et une petite fille en train de se noyer dans la boue. Elle ajoute qu'elle a l'impression que le monde entier voit cette enfant. Le mercredi suivant, un énorme tremblement de terre frappe la Colombie faisant plus de cinq cents victimes. Parmi elles, Omera, une petite fille qui meurt noyée dans la boue, en direct sur les télévisions du monde entier. » Cette prophétie, certifiée par un observateur neutre et objectif, me rend d'autant plus impatient de vivre un tête-à-tête avec Yolande de Châtelet.

Cette femme respectable et distinguée est l'épouse d'un patron de plate-forme pétrolière. Elle réside dans une petite maison de la banlieue de Toulouse, dont le garage est aménagé en cabinet de consultation. Se pressent ici des gens de tous milieux, guidés par le bouche à oreille. Ce ne sont pas des clients car Yolande de Châtelet ne demande aucune rétribution, même si, en dédommagement de son temps, elle accepte les remerciements en euros qu'elle reverse à des organisations humanitaires.

Élégante dans un costume noir, cravate rouge à pois blancs, broche en or au revers, boucles d'oreilles en forme de cœur, la voyante me reçoit dans la pénombre de son cabinet, lumières tamisées, murs bleu foncé, rideaux tirés. L'atmosphère est propice à la concentration.

En matière de voyance, chacun a son support. Mme de Châtelet a inventé le sien, non pas par fantaisie ou par désir d'originalité, simplement, elle affirme avoir reçu, un matin, un message : « Un flash de voyance m'indiquait d'interpréter les volutes d'une bougie placée derrière un verre rempli d'eau sous une arche formée de trois livres. On me disait aussi de recouvrir l'ensemble d'un linge brodé par ma mère. J'ai procédé ainsi et il m'est alors apparu sur une sorte d'écran des lieux et des informations. »

Sans transition, elle enchaîne :

« J'ai un flash assez douloureux : je vois une personne allongée dans un cercueil. Cela s'est passé il n'y a pas très longtemps. C'est votre père. Je suis désolée de raviver ce souvenir qui fait mal. »

Perception télépathique ou pas, l'information est réelle. Mon père est bien décédé deux mois avant cet entretien. Elle poursuit :

« Je ressens une folle passion, comme on en voit rarement, une passion avec une femme blonde, grande, magnifique. C'est curieux : elle vous reviendra un jour ou l'autre. Pas comme ça, mais petit à petit. Car elle vous aime encore ! »

Bon sang, c'est pas possible ! Encore une fois, la promesse du retour du grand amour ! J'en conviens : cela me perturbe. Comment ne pas accorder de crédit à cette perspective si heureuse ? Je m'accroche à l'idée et étouffe la voix qui, des entrailles, crie sa désespérante litanie : « Elle ne reviendra pas... Elle ne reviendra pas... Elle ne reviendra pas... »

« Au niveau professionnel, enchaîne Mme de Châtelet, si, depuis un moment, on ne vous voit plus sur le petit écran, vous animerez bientôt une émission dans laquelle vous recevrez des personnalités.

Ce sera un face-à-face qui aura beaucoup de succès. C'est étrange mais, pour moi, le thème tournera autour du paranormal.

— Très sincèrement, je ne me vois pas faire une émission sur le paranormal. Et puis, je n'ai pas le moindre contact pour renouer avec la télévision. En revanche, il n'est pas improbable que je refasse de la radio.

— Non, non ! Je suis formelle ! C'est un écran de télévision qui apparaît. Vous retravaillerez à la télévision et ce sera un succès énorme.

— Mais cela échappe à toute logique !

— C'est ça la voyance, elle vous éclaire sur l'imprévisible ! J'ai un autre flash : je vois beaucoup de livres autour de vous. Vous êtes en train d'écrire un ouvrage, différent des précédents.

— Mais ils sont toujours différents !

— Oui, mais celui-ci est plus personnel, plus autobiographique. Il se vendra bien et aura un titre accrocheur.

— *Divines débauches,* c'est le titre provisoire.

— Ce n'est pas mal comme titre : gardez-le ! »

Cette perception de mon travail d'écriture, qui s'affirme comme une constante d'une consultation à l'autre, me fait du bien. Je l'avoue car un écrivain est toujours taraudé par le doute quant à l'aboutissement de ses écrits.

— Plus rien ne me vient. Une voyance pure ne délivre que quelques images. Mieux vaut s'arrêter. N'oubliez pas que votre libre arbitre joue toujours un rôle. Même si ce qui est écrit est écrit ! »

Décidément cette enquête est une véritable cure d'allégresse, le destin me porte. J'en suis plus que jamais convaincu et c'est avec enthousiasme que je fais le voyage jusqu'à Bordeaux pour rencontrer Umâ Mukanda, sibylle atypique puisqu'elle utilise les taches d'encre comme support. C'est mon ami Guy Slakmon qui m'a donné ses coordonnées après m'avoir raconté cette anecdote sur Saint-Exupéry. En 1935, l'aviateur s'élance pour le raid Paris-Saigon avec son mécanicien.

Par manque d'argent, il n'a pas bien préparé l'épreuve, si bien que son épouse Consuelo le supplie de renoncer à s'engager. Mais, têtu, l'auteur du *Petit Prince* s'accroche à son projet. Au-dessus de la Libye, c'est l'accident. Après quelques jours sans nouvelles, Consuelo bouleversée se rend chez une voyante. Celle-ci lui demande d'agiter un porte-plume au-dessus d'une feuille de papier. Après auscultation des taches d'encre ainsi formées, elle déclare péremptoire : « Votre mari est vivant. Vous aurez de ses nouvelles demain. »

La prophétie se révèle exacte : vingt-quatre heures plus tard, Saint-Exupéry et son compagnon réapparaissent sains et saufs.

Cette aventure m'occupe l'esprit lorsque Umâ Mukanda m'ouvre la porte de son domicile. Elle m'accueille vêtue d'un sari rouge avec la dignité d'un sage indien. La pièce où elle m'introduit a les murs tapissés de motifs religieux ; dans un coin, sous le scintillement d'une dizaine de bougies, trône un énorme bouddha. Umâ s'assied derrière un large bureau où repose un tas de feuilles volantes à côté d'un encrier et d'un stylo-plume. En préambule, elle me précise que les taches d'encre reflètent le subconscient. « Nous procéderons par thème. Nous chercherons un éclaircissement sur l'amour, le professionnel, la santé. Pour ce faire, à chaque fois, nous utiliserons une feuille de papier différente au-dessus de laquelle vous secouerez le porte-plume. Si vous êtes d'accord, nous allons d'abord voir l'amour. Concentrez-vous et n'hésitez pas à penser à une personne précise. » Pas besoin de me concentrer longtemps, mon esprit s'emballe, la personne s'impose, vous l'avez deviné, c'est elle, elle, la femme aimée qui jaillit. La fièvre me monte tandis que j'interroge dans ma tête : « Va-t-elle revenir ? » Yeux fermés, bien concentré sur l'image fixée sur le revers de mes paupières, je respire profondément, puis, entrouvrant les yeux, je saisis le porte-plume et dessine dans l'air un triangle dont je marque les pointes d'un jet sur le papier. Umâ Mukanda me demande de plier la feuille en deux à l'horizontale, de la presser avec ma paume, du bas vers le haut, pour que l'encre s'étale bien. Puis je dois répéter la même opération dans le sens vertical.

« Ouvrez la feuille à présent. » Elle la saisit. À peine l'a-t-elle regardée que, déjà, elle lâche : « Je vois deux oiseaux face à face, c'est le symbole de l'amour. » Elle me les montre. Pour que je les distingue parfaitement, elle entoure au stylobille les taches. Même s'il est hors de question de reconnaître une espèce, je vois bien deux silhouettes de volatiles collées par le bec. « C'est le symbole de l'amour, vous allez connaître une grande histoire. Mais votre préoccupation actuelle, c'est la personne que vous aimez toujours car, sous les pattes des oiseaux, vous pouvez remarquer qu'il y a deux cœurs, c'est vous et une femme qui a beaucoup compté, une grande sensualité vous unissait, elle est toujours dans votre tête. » Oh, le tapage dans ma poitrine! C'est ma troisième voyante et elle aussi me bat l'espoir. Toutefois, elle s'empresse de le contrarier : « Je vois une autre femme blonde, trente, trente-cinq ans, angélique, artiste, avec laquelle il vous sera possible d'avoir un enfant. » C'est la fugitive qu'elle vient de me décrire avec une précision étonnante et l'enfant, l'objet de la rupture! Cela se bouscule dans ma tête, j'ai besoin d'éclaircissements. Je m'entends lui demander, inquiet :

« Et les deux femmes, si elles ne faisaient qu'une?

— Elles se confondent effectivement, mais paraissent bien distinctes. Je ne peux pas vous en dire plus. Je suis certaine d'une chose : vous aurez à choisir entre votre amour passé et une nouvelle histoire. Dans la voyance, il y a parfois comme cela des points qui restent obscurs. Il ne faut surtout pas chercher à forcer. Passons maintenant, si vous êtes d'accord, au thème du travail. »

Me voici, à nouveau, en train de jouer les mauvais écoliers. Je projette l'encre...

Umâ Mukanda s'enthousiasme :

« Je vois deux écureuils : c'est un symbole très favorable professionnellement ! Signe de prospérité ! L'annonce d'un prochain et important contrat d'animateur à la télévision, dans trois à six mois, avec des reportages à réaliser aux États-Unis et au Japon ! Je vois aussi un livre publié dans un an ! »

Alléchant, tout ça ! Mais pas crédible. Je lui affirme haut et fort que ce n'est pas possible : à la télévision, soit on présente, soit on fait du reportage. Et puis, très sincèrement, le délai est incompatible avec le temps de germination nécessaire à toute concrétisation de projet dans l'audiovisuel. Quant à la publication, dans l'année, du livre dont j'ai effectivement amorcé l'écriture, c'est totalement impossible. Mon exigence dans la recherche du style me laisse envisager l'aboutissement de ce projet au mieux dans quatre ans. On est loin de l'écriture automatique de nos soirées spirites ! Mes objections ne déstabilisent pas Umâ Mukanda. Dans un sourire, elle me glisse :

« Vous verrez ! Vous verrez ! En attendant, observons votre santé. »

Là, j'adhère sans hésitation à ses conclusions : elle est excellente et je ne couve pas le moindre mal.

Pour que ce reportage soit complet, un détour par le Salon de la voyance s'impose. Je veux en effet savoir ce qui pousse les gens à consulter les médiums. Un rapide échantillonnage met en évidence les risques de dépendance. Je me souviens, entre autres, de cette jeune femme d'une trentaine d'années, très belle, qui subissait son existence, ne prenant jamais la moindre décision sans passer par un voyant ! Pour autant, elle m'avouait : « Que d'erreurs ! Que d'erreurs ! Mais c'est comme une drogue. Je n'arrive pas à m'en sortir ! »

Martine Phélan, l'organisatrice du Salon, me sort de ma réflexion et m'entraîne dans une cabine étroite où elle me présente un homme grand, blond, svelte, charme slave, cigarette aux lèvres et boucle en or à l'oreille gauche.

« Voici Claude Alexis. Il a un don remarquable. Je pense sincèrement que vous devriez le tester devant la caméra. »

Ma première impulsion est de refuser cette opportunité. Avec Jean-Michel Chappes, mon complice, l'un des meilleurs cameramen toutes chaînes confondues, Michel Vigier, l'ingénieur du son et Christophe Thevret, l'assistant, nous estimons que les conditions ne sont pas requises pour réaliser un bon tournage : nous sommes prisonniers d'un lieu étriqué, difficilement éclairable et le brouhaha général nuit à l'enregistrement sonore.

Martine Phélan se moque bien de tous ces parasitages. Pour elle, l'essentiel est que je sois confronté au « médium phénomène » ! Claude Alexis lui-même m'encourage à l'expérimentation.

« De toute façon, si à la fin de l'enregistrement vous estimez que l'image n'est pas bonne, ne la montrez pas. J'en accepte le risque ! »

Difficile de camper sur mon refus. Par légitime curiosité journalistique, je franchis le rideau jaune comme si j'entrais dans la cabine d'un Photomaton. Sur la petite table recouverte d'un tapis de feutre bleu foncé trône un chandelier doré avec trois bougies jaunes. À peine suis-je assis que Claude Alexis reprend le leitmotiv de tous les voyants.

« Surtout, ne me dites rien et ne m'interrompez pas. Répondez juste à mes questions par oui ou par non. »

Au clap du tournage, le voilà lancé dans une véritable logorrhée : les mots crépitent tandis qu'il ne cesse de brasser les cartes d'un jeu de tarot qu'il a sorti en m'avertissant :

« Ce jeu ne sert à rien. Je n'ai pas besoin de support. Il favorise simplement ma concentration... Je vois quelqu'un du passé qui refait surface. Est-ce que la lettre C, dans un prénom, vous dit quelque chose ?

— Oui. Oui.

— Je sens une réconciliation dans les deux mois. Et la lettre P par rapport à elle ? »

Époustouflé ! Déboussolé ! Je n'en reviens

pas ! Je ne sais pas quoi dire ! P est l'initiale du prénom du nouveau compagnon de mon ancienne amie.

Pas le temps de m'appesantir. Claude Alexis réclame soudain ma participation.

« Tirez quinze cartes, maintenant ! Une nouvelle émission de télévision s'appuyant sur des reportages va être créée pour vous. Vous la présenterez en deuxième partie de soirée. Vous allez aussi réaliser un projet de livre, très vite. »

Les perceptions s'emballent, se bousculent les unes les autres. Sans aucune cohérence, le voyant passe de l'heureuse perspective littéraire aux contrariétés de l'existence.

« Attention ! Vous pourrez être victime d'un vol. Si votre voiture contient du matériel de tournage, fermez-la ! »

Une prédiction que l'on peut éviter ? Bien que je lui fasse remarquer le paradoxe, Claude Alexis, sûr de son don, ignore mes interrogations et enchaîne.

« Vous aurez affaire *(sic)* à des informations et des discussions qui s'effectueront en rapport avec une catastrophe aérienne que vous allez apprendre. »

Cette phrase peu claire me laisse perplexe, je lui demande de préciser :

« Vous voulez dire que je ferai un reportage sur une catastrophe aérienne, c'est ça ?

— Oui. Quelque chose ressort au niveau d'une catastrophe aérienne.

— Et qu'aurais-je à faire là-dedans ?

— Je ne sais pas. Mais maintenant, je vois des hommes de loi, pour un achat immobilier... »

Le flux inextinguible se poursuit encore une dizaine de minutes. Cette faconde de camelot aura duré, au total, une bonne heure. Nous quittons Claude Alexis, subjugués par cette faculté à débiter une vie : temps chamboulé, passé, présent, futur, dans un charivari en dehors de toute logique chronologique.

Dans la voiture, chacun y va de son commentaire. Je ne peux nier que plusieurs assertions correspondent bien à mon vécu. Et quelles assertions ! Elles inciteraient à crédibiliser la perspective de réalisation des prophéties. Du moins, de certaines d'entre elles, si le verbiage du voyant n'était ponctué de véritables incohérences. Je suis obligé, aussi, de faire le lien avec les autres consultations. Des éléments se recoupent parfaitement, ce qui, bien évidemment, culbute le scepticisme qui m'habitait avant le reportage. Me voici menacé de perdre mon libre arbitre. Je me rends compte qu'il en faudrait peu pour que je devienne marionnette consentante d'une destinée suggérée par des tiers. Comment résister, en effet, aux chimères du retour du grand amour, à l'annonce de succès professionnels qui viendraient me cueillir sans le moindre effort ? La seule chose qui m'aide à lutter contre cette tentation de tourner fétu du destin, ce sont les troubles de santé affirmés avec véhémence par certains : dos en capilotade, jambes et genoux douloureux, maux bénins qui bouleverseraient ma vie en m'interdisant gym et footing quotidiens. Ces satisfactions du corps sont indispensables ! Je n'admets pas d'envisager cette santé altérée. À croire que la pensée gouverne l'existence, six ans plus tard, je n'ai pas eu à subir les affres de la maladie. Mais, il n'y a pas que dans ce domaine que les voyants se sont trompés, aucune de leurs prédictions, je dis bien aucune, ne s'est réalisée.

Rebondissement

Avec Jacques, nous revisionnons la cassette de l'émission *Le droit de savoir* diffusée sur TF1. Je jubile, prends mon compère à témoin : « Tu vois, il n'y a vraiment rien qui ne s'est vérifié. Cela prouve bien que l'idée d'un destin préétabli n'est qu'hérésie. » Mais le lendemain, quand Jacques arrive à notre rendez-vous d'écriture matinale, croissants pour le petit déjeuner à la main, je lui trouve un air malicieux.

« T'es un sacré bonimenteur !, me lâche-t-il, railleur. Tu manipules les esprits mieux que les voyants. Sous des dehors d'objectivité, tu as réussi à m'entourlouper et à éclipser un fait essentiel qui remet en cause ta conclusion sur la voyance !

— Qu'est-ce que tu racontes ? »

Oubliés les viennoiseries et le thé chaud ! Jacques m'entraîne sans perdre un instant dans le salon pour revisionner une partie de l'émission. Apparaît Claude Alexis.

« Vous aurez affaire à des informations et des discussions qui s'effectueront en rapport avec une catastrophe aérienne que vous allez apprendre.

— Vous voulez dire que je ferai un reportage sur une catastrophe aérienne, c'est ça ?

— Oui. Quelque chose ressort au niveau d'une catastrophe aérienne.

— Et qu'aurais-je à faire là-dedans ?

— Je ne sais pas. »

Que dire ?

Jacques, volontairement, me laisse sous l'emprise du silence. Je suis médusé et bien obligé d'admettre que j'ai occulté cette prédiction. Seule circonstance atténuante, elle n'était qu'une fulgurance dans un méli-mélo d'incohérences. Toutefois, elle est suffisamment claire pour être située dans la réalité...

Voici les faits.

Le 25 juillet 2001, soit quatre ans et demi après la formulation de la prédiction de Claude Alexis, je termine l'émission quotidienne sur le bien-être que j'anime sur Europe 1 durant l'été. Je traîne dans le couloir, près du studio Coluche, commentant avec le réalisateur les deux heures d'antenne. Soudain, une assistante, visiblement déboussolée, nous bouscule : « Un auditeur vient de nous annoncer, sur le téléphone rouge, que le Concorde s'est écrasé à Roissy ! » La fièvre journalistique me propulse à la rédaction où Daniel Albericci et Marc Tronchot, les deux sous-directeurs de l'information, sont déjà en train d'organiser leurs troupes pour suivre l'événement et obtenir les premiers témoignages. Spontanément, je demande à Daniel s'il a besoin de mes services. Après un bref regard, il me lâche : « On coupe les programmes : priorité à l'info ! Marc, tu prends l'antenne. »

Je me retrouve ainsi à orchestrer le ballet des journalistes, au fil des nouvelles qu'ils obtiennent. Moment d'exception que d'avoir le privilège d'être ainsi en direct. Je jongle, passe à Frédéric Helbert, qui s'est précipité avec le motard d'Europe 1 à Gonesse, sur le lieu du drame. Il est le seul représentant de la presse à avoir infiltré le périmètre de sécurité. Pour nourrir les commentaires d'Helbert, je peux compter aussi sur Bernard Chabert, notre expert en aéronautique. Il égrène toutes les hypothèses qui auraient pu causer la catastrophe, le tout émaillé de témoignages récoltés par les journalistes de la rédaction, des réactions de personnalités politiques et de l'avis de nombreux spécialistes comme un ancien commandant de bord de Concorde.

Je tiens ainsi l'antenne pendant trois heures, ce qui reste pour moi l'un des moments très intenses de ma carrière.

Donc, vraie et pas insignifiante la prophétie !

Pour autant, suffit-elle à faire oublier tous les autres échecs ?

5

Boule de cristal et exorcisme

Pour Jacques Mandorla et moi-même, le chapitre sur la voyance était clos. C'était sans compter sur l'imprévu. Il jaillit du flot des livres qui, chaque jour, à la distribution du courrier, submerge mon bureau. Pléthorique et, le plus souvent, insipide, la production ésotérique. Que d'élucubrations, de loufoqueries, à mettre direct au rebut. Mais il y a aussi les bonnes surprises, authentiques pépites pour mon émission, comme cet ouvrage de deux journalistes de la BBC, Chris Morton et Ceri Louise Thomas : *Le Mystère des crânes de cristal*[1].

Pour vous éclairer sur le sujet, je vous

1. Chris MORTON et Ceri Louise THOMAS , *Le Mystère des crânes de cristal*, Monaco, Éditions du Rocher, 1999.

propose la lecture, *in extenso*, du texte de quatrième de couverture : « Selon une vieille légende indienne, il existe treize anciens crânes de cristal, dont on raconte qu'ils parlent ou qu'ils chantent. Ces crânes, dit-on, renferment d'importantes informations sur les origines de l'humanité, sur sa finalité et son destin, ainsi que les réponses à quelques-uns des grands mystères de la vie et de l'univers. Un jour, si l'on en croit ces prophéties ancestrales, tous les crânes de cristal seront réunis pour que l'humanité puisse accéder à la sagesse collective.

En voyage au Guatemala, deux journalistes ont commencé à s'intéresser à cette légende, en apprenant qu'un crâne de cristal a effectivement été retrouvé dans les ruines d'un temple maya au début du XXe siècle. Intrigués, ils découvrent que plusieurs autres crânes ont, depuis, refait surface dans le monde entier, et que ces objets sont, en outre, réputés pour leurs pouvoirs guérisseurs et médiumniques. Du British Museum de Londres aux laboratoires high-tech de Hewlett Packard, les auteurs vont d'énigme en énigme, suivant la piste d'un explorateur anglais excentrique, rencontrant un chasseur de crânes contemporain, déchiffrant les traces laissées par les crânes dans les civilisations anciennes.

Et la quête scientifique débouche sur un véritable voyage initiatique. Car non seulement l'origine des crânes semble se perdre dans la nuit des temps, mais leur message secret s'est transmis aussi bien dans les civilisations prémayas d'Amérique centrale, que dans les tribus indiennes d'Amérique du Nord. Les crânes réapparaissent-ils pour délivrer à l'humanité une vérité intemporelle ? »

Extravagant ! Voilà le mot qui s'impose à la lecture de ce résumé. Et pourtant, pourquoi ne pas accorder un certain crédit à ce texte, dès lors qu'il est cautionné par des organisations à la réputation aussi sérieuse que la BBC, le British Museum ou Hewlett Packard ? Alléché, je feuillette le livre au hasard et tombe sur le rapport des tests effectués sur l'un des crânes dans les laboratoires de la célèbre firme d'informatique et d'électronique de Santa Clara en Californie. Les conclusions des chercheurs sont formelles : le crâne, d'une taille inhabituelle pour un quartz naturel, est d'une pureté exceptionnelle. Boîte crânienne et mâchoire sont sculptées à partir d'un même bloc. Or, le cristal de roche se brise si facilement qu'aucun outil, y compris les plus modernes, ne permet de réaliser un tel joyau. Plus étranges encore, des grossissements extrêmes ne font apparaître aucune trace de façonnage. Le crâne n'a donc pu être poli qu'à la main avec un mélange de sable et d'eau, travail qui, selon les spécialistes, nécessiterait la mobilisation de plusieurs générations d'artistes surdoués, pendant au moins trois siècles ! D'où la réflexion d'un des scientifiques de Hewlett Packard : « Ce crâne est un tel prodige qu'il ne devrait pas exister ! »

La lecture complète de l'ouvrage confirme qu'il s'agit là d'un sujet idéal pour mon émission. Toutefois, les faits rapportés sont si fous que je m'astreins à quelques vérifications. Première démarche, je contacte Hewlett Packard où l'on me confirme les études sur les crânes. Puis, je joins plusieurs gemmologues pour qu'ils m'éclairent sur les propriétés du cristal. Tous se montrent bien diserts sur le sujet, jusqu'au moment où j'aborde la question des crânes. Là, ils croient tous à un gag téléphonique, s'esclaffent. J'insiste : ils me traitent de charlatan, d'illuminé, avant de me raccrocher au nez. Je ne m'étonne guère de leur réaction sectaire. Cela est devenu une habitude depuis que je m'intéresse à l'irrationnel. Pour les tenants de la connaissance officielle, l'univers est régi par des lois et tout phénomène qui échappe à la reproductibilité programmée ou qui ne relève pas de l'application de formules bien établies n'est que foutaise, hérésie, hallucination ! La science ne se corrompt pas au contact d'interrogations stériles ! La curiosité sans limites, c'est bon pour les gogos, mais pas pour le chercheur conventionné par l'État, le savant éclairé, certifié par des diplômes et des honneurs académiques. Les maîtres de la raison n'ont pas de temps à perdre, ils ambitionnent la distinction suprême : le prix Nobel ! L'arrogant sérail oublie que les théories, les plus indiscutables à une époque, finissent toujours par être remises en cause, au fil du temps, par des originaux courageux, à la pensée hors norme.

Par chance, mon enquête téléphonique me fait débusquer l'un de ces conquérants du savoir. Fier de sa marginalité, il m'avoue d'emblée que son activité de chercheur au CNRS ne l'empêche pas d'être un fidèle auditeur de mon émission. Pas le premier intello patenté à se découvrir ainsi : ils sont un grand nombre à m'avoir appris, par courrier, leur coupable manie d'écoute, tous bien vifs à m'encourager sur ces voies de la connaissance interdite, certains me suggérant même des pistes d'investigation. Magie de la radio, cette intimité spontanée ! Fi des secrets, des sous-entendus, place aux confidences ! Mon spécialiste enthousiaste évoque ainsi les travaux qu'il mène à temps perdu sur les propriétés attribuées au cristal par la tradition occulte. Il attend avec impatience la rencontre proposée par une femme qui se targue de filmer des symboles et des images dans sa boule de cristal ! L'avenir en cinémascope ! Imaginez ma réaction : je réclame, du tac au tac, les coordonnées de la dame à mon interlocuteur. Sans barguigner, il s'exécute : elle s'appelle Luce Grimaud et réside à côté de Nice. Je le remercie pour ses informations précieuses puis, sitôt raccroché, m'empresse de joindre la Cecil B. de Mille de la voyance !

Dans le combiné, une voix enjouée répond à mes questions. Je suis pourtant bien indiscret, cherchant à tout savoir sur cette femme et sa pratique. Mon inquisition ne l'effraie pas. Elle déballe ses secrets avec truculence : dès l'enfance, elle a été attirée par le paranormal à cause de rêves et de hasards trop signifiants pour être classés parmi les simples coïncidences. Pour éviter les sarcasmes, et surtout afin de ne pas passer pour une folle, elle gardait tout ça pour elle et se forçait à la mascarade de la normalité. Jeune fille sérieuse, elle écourte néanmoins ses études qui l'ennuient et se lance dans la vie active, essayant plusieurs métiers avant de s'imposer comme agent immobilier. Mariée, mère de famille, elle profite de ses maigres moments de loisirs pour dévorer la littérature ésotérique, qu'elle achète dans les brocantes lors des balades dominicales. C'est comme cela, en chinant, que son regard repère, sur un étalage de bric-à-brac, deux petites boules de cristal de sept centimètres de diamètre chacune. L'une classique, totalement lisse, et l'autre à la surface ciselée de microfacettes triangulaires. Une impulsion la pousse à négocier l'achat, caprice qui va chambouler son existence.

Rentrée à son domicile, Luce Grimaud place les boules côte à côte sur son bureau, comme objets décoratifs. Conséquence fatale : à chaque fois qu'elle s'installe pour travailler, les boules vampirisent son attention. Il faut dire que, sous la lumière, les facettes projettent des ombres sur le cristal lisse. Et quelles ombres ! Luce écarquille les mirettes : elle voit des lettres, des chiffres. Pour être sûre de ne pas se leurrer, elle les photographie. Le développement confirme qu'elle n'a pas la berlue. Fascinée, elle multiplie les clichés, étudie les signes qui y figurent et s'aperçoit qu'ils sont riches de sens. Convaincue de la réalité de la voyance, elle propose à des amis de les « passer à la moulinette », comme elle dit, en les asseyant devant une table, face aux deux boules de cristal. Les consultants ébahis voient alors s'inscrire, sur les sphères, les symboles de traumatismes ou d'événements qui les ont marqués. Défilent ainsi le passé, le présent et l'avenir, comme les témoignages le révèlent au fil des mois. Un jour, en remerciement d'une heureuse prophétie réalisée, une femme offre à Luce une caméra vidéo. Belle aubaine pour améliorer la méthode ! En quelques essais, elle réussit à élaborer un processus fiable. Et quels résultats !

De l'époustouflant au-delà de l'imaginable. À présent apparaissent clairement les visages de personnes ayant joué un rôle essentiel dans la vie du consultant. « Et ça marche pour tout le monde ! », conclut-elle enthousiaste.

Ne pas rebondir serait faute professionnelle grave.

« Luce, acceptez-vous de me prendre comme cobaye ?

— Volontiers. Mais il n'y a pas de risque. Je vous l'ai dit : ça marche pour tout le monde !

— Alors, chiche ?

— Chiche ! Venez quand vous voulez. »

Dix jours plus tard, devant une grande bâtisse du XIXe siècle, Luce nous attend. À ses côtés, plus haute d'une bonne tête, une autre femme tout aussi sympathique nous invite à pénétrer dans les lieux. Il s'agit de Gisèle, la propriétaire. Passionnée d'ésotérisme, elle héberge son amie pour quelques jours de repos. L'endroit semble idéal pour notre expérimentation. Nous sommes à Juzes, hameau médiéval recroquevillé sur une colline autour de son château cathare. Ici, seul le tintement toutes les heures des cloches de la petite église située au-dessus du cimetière de l'autre côté de la rue, agrémente le silence. Nous sommes synchrones avec l'horloge. Deux coups tintent : ils annoncent l'heure de notre passage à table. Gisèle, fidèle à la réputation gastronomique de la région, nous a mijoté des agapes pantagruéliques. Situation délicate, car je mange peu et ne bois jamais une goutte de vin. Heureusement, la séance à venir est un excellent prétexte pour justifier mon régime austère sans vexer notre hôtesse. Austère, la pièce où nous entraîne Luce après le repas l'est aussi : un vrai décor d'hôpital ! Les murs, la table et la chaise qui lui font face sont recouverts de draps blancs. Et nous aussi n'échappons pas à ce monde fantôme : Luce Grimaud nous demande de passer une blouse d'infirmière.

« C'est pour éviter les ombres parasites », justifie-t-elle.

Je m'installe sur la chaise, bien droit, le ventre collé contre la table sur laquelle trônent les fameuses boules. Instantanément, je m'efforce de faire le vide dans ma tête.

« Je vais filmer deux fois. La première, volets ouverts, lumière du jour. La seconde, volets fermés, lumière électrique.

— À quoi dois-je penser ?

— Ne pensez pas, laissez-vous aller. »

Pour lever toute suspicion, elle prend la cassette vidéo neuve que nous avons achetée, Jacques et moi, à l'aéroport, déchire l'emballage et la place dans le chargeur.

« Voilà. Vous voyez qu'il n'y a pas le moindre trucage. Je vais maintenant tourner autour de vous, en partant de la gauche. Tout ce qui apparaîtra d'abord concerne votre passé. Puis, quand je serai à votre hauteur, nous aurons des informations sur le présent. Enfin, quand je serai à droite, nous aborderons votre avenir. On peut y aller ?

— Oui. »

Je fixe les boules pour me soustraire au charivari des pensées. Caméra à bout de bras, dans le plan horizontal des deux boules, Luce amorce un panoramique de trois cent soixante degrés autour de moi. Elle glisse doucement, tout en laissant échapper des « Bon! », « Bien! » jubilatoires, révélateurs d'un bon déroulement de l'opération.

« Oh là! Vous voyez ce visage? » s'exclame-t-elle.

Son enthousiasme attise ma curiosité. J'ausculte l'écran du téléviseur sur lequel se projette l'image qu'elle tourne. Hélas, j'ai beau écarquiller les yeux, je ne vois strictement rien et le lui dis.

« Ce n'est pas grave », lâche-t-elle, déçue.

Sans doute pour éviter d'autres désillusions, elle poursuit sa ronde, sans plus formuler le moindre commentaire. Elle glisse à petits pas jusqu'à boucler son cercle. Alors elle gagne la fenêtre et ouvre le volet. Quelques badineries et la revoilà caméra au poing. Toujours immobile, incapable d'organiser le vide dans ma tête, je laisse filer les idées quand elle m'annonce enfin que nous allons passer au visionnage. Une excitation de gamin m'envahit.

« Je remarque tout de suite une ombre générale sur la boule, déclare Luce contrariée. Voyez les pôles, au lieu d'être translucides, ils sont gris.

— Qu'est-ce que cela signifie ?

— C'est le signe d'une difficulté d'accès aux informations offertes habituellement par le cristal. Cela se produit toujours quand une personne est victime de mauvais agissements.

— De mauvais agissements ?

— Oui, des gens font des "saloperies" sur vous ! Vous êtes quelqu'un qui, de par sa position, suscite des jalousies. Certains vous veulent du mal et opèrent des travaux sur vous !

— Mais nous sommes en pleine sorcellerie ! »

Loin de me déstabiliser, l'allégation me vaut, au contraire, un retour à la sérénité. Je ne sais s'il faut accorder crédit au pouvoir funeste du Fourchu, mais je me sens inatteignable, absolument pas concerné par les pratiques occultes.

« Ma chère Luce, je ne vois pas qui voudrait me nuire.

— Nous vivons dans un monde noir où la méchanceté fleurit. Des personnes n'hésitent pas à faire appel à des envoûteurs pour mettre en l'air la vie de ceux qu'ils veulent atteindre.

— Nous venons pour parler d'avenir et vous me décrivez un monde où l'on se retrouve à la merci de l'occultisme ! Permettez-moi d'être plus que sceptique. »

Elle me ressert sa litanie sur les forces du Mal, puis, comme je campe sur ma position, reprend le visionnage. Soudain, une pyramide blanche entourée de vert s'esquisse. L'interprétation est immédiate pour Luce.

« Vous possédez le don de guérir !

— Je veux bien, mais jusqu'à présent je n'ai, hélas, jamais soulagé personne de la moindre douleur ! »

Indifférente à ma réflexion, elle s'intéresse à un nouveau symbole qui ne nécessite pas d'effort d'imagination. Là, dans le cristal, une figure représente un livre ouvert, entouré de lumière.

« Vous ne seriez pas en train d'écrire un livre, en ce moment ?, glisse-t-elle tout sourire. Si c'est le cas, il aura un immense succès ! »

Cette question suivie d'une affirmation est bizarre et contradictoire. Pour autant, je suis obligé d'admettre que je suis en train d'écrire mon septième roman. Je note l'augure.

Les images suivantes sont beaucoup plus étonnantes. Quatre chiffres, bien visibles, sont apparus sur l'écran.

« Vous les voyez ? On lit 1957 ! »

Je n'ai pas besoin de forcer le regard.

« 1957 : cela ne vous dit rien ?

— Non.

— Réfléchissez bien. Quand c'est clair comme cela, il n'y a pas de doute. Le cristal ne se trompe jamais !

— Non, vraiment, je ne vois pas.

— Ce n'est pas possible. Nous sommes dans le passé : c'est votre année de naissance ou celle d'un proche.

— J'ai beau réfléchir, je ne vois pas.

— Gardez cela dans votre tête. Vous vérifierez plus tard. Cette date, je n'en démords pas, a un rapport avec vous ou avec une personne qui vous est très chère. »

Luce relance le magnétoscope.

« Et là : vous voyez ce visage ? »

J'ai beau vouloir faire plaisir à ma sibylle et ouvrir grand les yeux, je ne vois rien ! Au mieux, je décèle un portrait flou qui pourrait avoir été dessiné par un enfant de cinq ans.

« Bon, continuons, murmure-t-elle conciliante, mais visiblement agacée. Et là, c'est clair : il y a bien un visage d'homme. Regardez sa longue chevelure, son visage rond, son long nez, sa barbe fournie. C'est très net ! Le reconnaissez-vous ? »

Comment ne pas la vexer ? Car, même si je vois un visage, celui-ci n'est pas identifiable. Cela tient de l'habile coup de crayon, sans plus, comme on peut en imaginer à l'observation d'un ciel chargé de nuages.

« Ne me dites pas que ça ne correspond à personne ! Le visage est pourtant précis, typique. »

Tant pis si je la froisse. Pas question de tricher, d'aménager la réalité, l'objectivité prime, je lâche donc un « non » définitif. À l'évidence, mon obstination à ne pas accréditer ses « visions » la chagrine.

« Il y a beaucoup de gris, c'est vrai. Je peux vous assurer que d'habitude c'est beaucoup plus limpide que ça ! Je confirme que quelqu'un fait un sale travail sur vous. »

Elle postillonne sa hargne contre le Vilain. À nous rabâcher ça, elle, si joviale, en tournerait presque furie. Je n'ai pas le temps de lui répéter que je ne crois pas à ses affaires d'envoûtement. Une lettre flamboyante apparaît déjà sur l'écran. Il s'agit d'un C majuscule. La boucle du bas se termine par une flèche montante. Les frissons me viennent, instantanément. Comment nier que cette lettre hante mon esprit. Luce me lance alors, péremptoire : « C'est un C féminin, de très bon augure. Une personne qui a beaucoup compté pour vous dans le passé. Elle réapparaît dans le futur : regardez la flèche ! Il s'agit d'amour. Et quelle histoire d'amour ! »

Ah, les palpitations ! Voici à nouveau la femme aimée à l'excès. Je ne sais si Luce a repéré mon trouble, mais elle enchaîne :

« Le cristal ne se trompe jamais ! Si c'est la seule personne correspondant à la lettre C qui ait un sens pour vous, votre princesse n'est pas perdue.

— Elle va donc revenir ?

— Il y a de fortes chances. »

Mon interlocutrice jubile. Cette fois, elle sent son art réhabilité par l'espoir qu'elle a fait naître. Mais, au lieu de me laisser aller à l'émotion, elle profite de son avantage pour continuer son décryptage. Hélas pour elle, aucun des symboles qui suivent ne lui vaut une nouvelle satisfaction : soit je ne les distingue pas, soit ils n'ont aucune signification pour moi. Soudain, un énorme N majuscule noir se dessine au dernier moment, une flèche le traverse.

« Marc, vous le voyez ! Hein ? » Elle plastronne.

J'opine. Une aubaine pour Luce, le N transpercé.

— On vous veut du mal. »

Elle entonne à nouveau son credo sur les maléfices.

« La flèche. Regardez la flèche ! Le symbole est clair : c'est le clou de l'envoûtement, la preuve d'une mauvaise intention, d'une fichue manipulation à distance... »

Je l'interromps, vaguement moqueur.

« Et à quoi correspond ce N, ma chère Luce ?

— C'est l'auteur de la malveillance. Celui qui vous veut du mal. C'est même une femme ! N : cela ne vous dit rien ? »

Conciliant, je rassemble mes souvenirs, pense aux femmes qui, ces dernières années, m'ont fait l'honneur d'une étreinte, cherche celle que j'aurais blessée sans le vouloir, une femme rendue si malheureuse qu'elle nourrirait une haine phénoménale au point de vouloir faire capoter mon destin. J'ai beau chercher, je ne trouve pas.

« Ce n'est pas grave si cela ne vous rappelle rien. L'essentiel, c'est le signe : vous êtes ensorcelé, envoûté. Il est temps d'agir contre les forces du Mal, sinon vous allez être détruit. Oui, mon cher Marc, détruit ! Quelle que soit votre énergie, vous ne pourrez rien faire !

— Mais Luce, nous ne sommes plus au Moyen Âge !

— Ce n'est pas une question de Moyen Âge. C'est aujourd'hui de plus en plus fréquent. Je vous le répète : on est dans un monde où la méchanceté s'impose. Il n'y a qu'une façon pour vous d'en sortir : une cérémonie d'exorcisme !

— Allons, Luce, vous plaisantez, le diable ne m'a pas alpagué !

— Ce n'est pas le diable. Ce sont les forces du Mal. Il faut les annihiler. Je connais un prêtre exorciste ! »

En d'autres circonstances, je plaquerais là la bonne Luce. Mais mon instinct de journaliste prévaut. Ce qu'elle me propose est une opportunité inattendue d'enrichir notre enquête. Je me tourne vers Jacques : il réagit comme moi, son regard en témoigne. J'accepte donc de me prêter à l'expérience.

Le père Michel et les forces du Mal

C'est à Figeac, à cent cinquante kilomètres de Juzes que réside notre curé. On le débusque à la sortie de la ville, au détour d'une toute petite route perdue dans la forêt. Après un virage, dans une étroite clairière, apparaît une maison sans éclat. Face à elle, un hangar. En ce lieu retiré, le moindre bruit attire l'attention. La porte s'ouvre, et dans l'encadrement se dessine la carcasse d'un joueur de rugby. Ah, il a de l'envergure, l'homme d'Église ! Un bon mètre quatre-vingt-dix, au moins cent kilos, ventre du bon vivant, bouille rayonnante sous des cheveux courts poivre et sel coupés en brosse.

La jovialité incarnée, le père Michel. Dans un énorme sourire, il nous broie la main. Le seuil franchi, nous nous retrouvons dans une pièce immense, véritable brocante d'objets religieux : icônes, croix, statues de saints.

Mais la surprise n'est pas là. Ce qui nous étonne le plus, même si Luce nous avait avertis, c'est le comité d'accueil peu ordinaire chez un prêtre, composé d'une femme et de deux enfants. Ce ne sont pas des hôtes, mais la famille du curé. Oui, le père Michel est marié ! Il a été ordonné prêtre de l'Église catholique par le cardinal Thuc qui, dans les années soixante, a rompu avec Rome en protestation à la modernisation de la liturgie. Dissident par voie de fait, notre curé en a profité pour renoncer à son vœu de chasteté et vit le parfait amour sans avoir le sentiment de trahir le Seigneur.

Notre homme et les siens savent recevoir. La table qui nous attend est bien garnie. Mais sans faire offense à l'excellente cuisine de « madame le Curé », ce sont les confidences de cette vie atypique que nous dévorons. Le gamin de onze ans avec sa bouille rayonnante d'angelot nous confie qu'à l'école il n'ose pas avouer la fonction de son papa et clame que celui-ci ne travaille pas, que c'est sa maman qui a une activité professionnelle.

Savoureux aussi, le témoignage de l'épouse quand elle nous raconte ses courses au village, les voix qui se taisent à sa vue, les têtes qui se courbent pour ne pas avoir à la saluer. Mais elle s'en moque : la foi la sauve de la médisance et elle absout volontiers les braves gens qui la dénigrent sous le manteau. Qu'importe le regard des autres, elle est fière de son époux, lui le soldat de Dieu qui combat le Mal comme en témoigne sa carte de visite.

Association
CREDO IN UNUM DEUM
Père Michel
Messes selon le rite de saint Pie V
Sacrements – Exorcismes –
Prières de protection

Dans la conversation, il apparaît clairement que l'activité du père n'est pas de tout repos pour sa famille. S'attaquer au Mal a des effets secondaires. Le Malin, chassé de l'âme des visiteurs, cherche toujours à se venger sur le justicier. L'immonde créature a même osé s'en prendre à ce que le père Michel a de plus cher : ses enfants. Pour les sortir de la douleur physique et morale, le prêtre a dû, à plusieurs reprises, improviser de toute urgence une cérémonie de désenvoûtement dans la chapelle, l'édifice religieux de l'autre côté de la cour. Comme nous nous étonnons de ne pas l'avoir remarquée, le père Michel s'esclaffe :

« Mais si, vous l'avez vue ma chapelle ! Simplement, comme je devais la bâtir seul et que je manque de moyens financiers, je l'ai aménagée à l'intérieur du hangar. »

Nous découvrons l'étrange lieu de culte, le lendemain, à six heures et demie du matin. L'aurore est favorable pour s'en prendre au Malin car c'est le moment où la nuit se dissipe et où les forces du jour, forces de vie, infiltrent la nature.

Nous traversons un capharnaüm où se mêlent des planches, une tondeuse et divers outils de jardinage. Derrière le désordre, une porte ! Le prêtre l'ouvre et nous nous retrouvons dans un antre exigu coupé en deux par une table qui fait office de bureau, un crucifix au mur et trois étagères remplies d'ouvrages ecclésiastiques. Je m'assieds face au curé sur l'unique chaise de la pièce, tandis que Jacques se tasse contre la porte, debout, prêt à filmer.

« Mon cher Marc, il me faut d'abord vérifier que les forces du Mal s'attaquent à vous ! », m'avise le père Michel d'un ton chaleureux empreint de gravité.

Vérifier ? Il m'apprend que lorsque Luce Grimaud l'a contacté par téléphone, il s'était immédiatement saisi de son pendule afin de juger, à distance, si son intervention était nécessaire. Le pendule avait répondu par l'affirmative. Le curé sort l'instrument de sa poche et, tenant le fil entre le pouce et l'index, attend, concentré, qu'il prenne sa course. Après quelques oscillations, le pendule amorce une rotation sur la droite, tourne, tourne, presque aussi vif qu'une boule à la roulette.

« Je ressens que vous avez un problème ! Il y a de la jalousie autour de vous, assène le père Michel.

— Mais, mon père, personne ne peut me jalouser !

— Détrompez-vous : vous ne pouvez pas empêcher quelqu'un de votre entourage de vous envier et donc de vous vouloir du mal. N'oubliez pas la grisaille sur la boule de cristal !

— Mais, mon père, même si les forces du Mal existent, les forces du Bien me protègent.

— Ce n'est pas si simple. Comme vous, je crois aux forces du Bien. Mais, il nous arrive à tous d'avoir une perte d'énergie à un moment donné. Nous baissons alors la garde, ce qui favorise l'agression de ceux qui nous veulent du mal. Un maléfice est une sorte de poche d'énergie négative qui se colle à vous et attend le moment propice pour passer à l'attaque. Malgré votre vie respectueuse des autres, vous commettez des péchés. Cela se cristallise, s'accumule. Il faut vous libérer de cette charge nocive. La séance d'exorcisme y pourvoira !

— Y aura-t-il des effets tangibles ?

— À la fin d'une séance d'exorcisme, il y a des changements immédiats : la peau des sujets devient plus lumineuse, l'iris des yeux s'éclaircit, les gens ressentent une sensation de froid... Tout dépend, en réalité, du type d'envoûtement dont vous êtes victime.

— Et quel est le mien ?

— Il y a trois types d'envoûtement. La possession est la forme la plus grave : la férocité des démons est telle que nous ne pouvons utiliser ni l'eau bénite, ni la croix. L'obsession est l'envoûtement le plus fréquent : c'est l'âme d'un mort qui vient tracasser un vivant. Et puis, il y a ce qu'on appelle le barrage qui est l'envoûtement le plus léger. Il émane de sorciers et autres magiciens qui cherchent à nuire aux autres. C'est votre cas.

— Des sorciers ?

— Je veux dire qu'ils agissent pour le compte de quelqu'un. Mais, rassurez-vous, votre cas n'est pas grave. Non. Je ressens juste un blocage au niveau de votre plexus solaire, symbole du cœur, de l'amour, de l'échange avec les autres. Un petit blocage. Rien de méchant. Vous avez une volonté, une personnalité telle que les éléments extérieurs négatifs ne vous pénètrent pas facilement. Néanmoins, après la séance, il faudra repasser devant la boule de cristal pour voir si vous êtes bien débarrassé. On y va?

Le père Michel s'éclipse par une porte derrière moi. Il nous demande de l'attendre. Quelques instants plus tard, il réapparaît vêtu d'une chasuble violette, couleur de la pénitence pour l'Église.

« Allons-y! »

Nous le suivons dans l'antre du Seigneur, la plus petite chapelle de France, aux dimensions lilliputiennes : trois mètres sur quatre!

Pourtant, rien ne manque : à droite, l'autel, rutilant de dorures. Face à nous, une étagère encombrée de statues, d'icônes, et dans un cadre, le portrait du mythique padre Pio, placé devant un reliquaire contenant une mitaine... Le père Michel est convaincu que celle-ci a appartenu au saint homme.

Tandis que Jacques, caméra au poing, se recroqueville à côté d'une statue de la Vierge, le père m'installe sur une chaise face à lui et entame son rituel. Bien que sceptique, je me sens bizarre, comme électrisé. Par honnêteté et respect vis-à-vis du prêtre, je tiens à vivre pleinement et en conscience la situation. Je ne réfute plus le sortilège, me dis que je suis peut-être possédé et j'accepte le principe de connaître la révélation. Moi, le pourfendeur du péché de la chair, le libertin convaincu, le chantre du plaisir, l'idolâtre des femmes frivoles sœurs de Marie-Madeleine, je m'ouvre au Ciel dans l'attente d'une manifestation de sa part.

« *In Nomine Patris et Filii et Spiritus Sancti. Amen.* »

Le latin infiltre mes pensées de contrition. Le père Michel débite à grande vitesse ses prières. À la fin de la séance, Jacques m'informera que le prêtre passe d'un texte à l'autre, dans le même souffle, brasse sans discontinuer les pages du livre d'exorcisme, saute des chapitres, puis revient en arrière, charivari de l'ordonnancement destiné sans doute à égarer le démon. Par moments, il abandonne la lecture et récite des passages de l'Évangile, puis, il virevolte, sabre à tout va, croise verbalement le fer contre les suppôts de Satan qu'il est le seul à voir et à combattre.

De retour vers moi, le père Michel pose ses mains sur mon crâne. Elles sont chaudes, comme celles de certains magnétiseurs ! Pour ne pas me laisser divertir, je referme les yeux. Le prêtre en appelle aux forces divines, leur demande de me redonner la pureté de l'âme...

Une rafale de mots en latin !

« *Patris et Filii et Spiritus Sancti descendat super te,* Marc, *ite maneat semper nomine patri. Amen...* Marc... »

C'est du sur mesure ! L'écho de mon prénom, je l'avoue, me fait frissonner.

Jacques m'apprendra que, tout en égrenant cette prière dédiée à la Trinité du Père, du Fils et du Saint-Esprit, le père Michel exécute trois signes de croix sur mon front. Il m'asperge d'eau bénite. Les gouttes m'éclaboussent le visage. Je ne ressens rien ni physiquement ni psychologiquement. Le curé pose sa main droite sur mon cœur, reprend ses signes de croix, une série de trois, pouce rageur ! Dans l'envolée, après une ultime bénédiction, ses paumes reposent sur mon crâne, puis le prêtre se relance au sacré, exhorte le ciel ! Il débite les incantations lues dans le livre secret des exorcismes. Jacques, fin observateur, se contorsionne, yeux exorbités. Mais rien n'y fait : il n'arrive pas à identifier le grimoire dissimulé sous une couverture rouge. Ce mystère est voulu ! Durant le dîner, le père Michel nous avait précisé que l'envoûté doit tout ignorer des secrets de la cérémonie.

La lassitude me gagne. Les douleurs m'accaparent le dos. Je m'accroche au bourdonnement de la liturgie pour éviter que mon esprit ne soit repris par la rationalité. Je veux, jusqu'à la fin de la séance, être dans la sincérité, bien ouvert au Ciel, que le père Michel serve d'intercesseur et, si l'illumination doit me venir, qu'elle se manifeste là, maintenant ! Je suis prêt à reconnaître mes erreurs. Si la chair n'est pas noble féerie comme je le proclame dans mon dernier roman *Divines débauches*, que le ciel me le fasse savoir ! Car c'est au nom du Créateur que je revendique la fête des sens ! Pourquoi Dieu nous aurait-il doté, dans sa magnificence, du don d'extrême jouissance, pour avoir ensuite la perversion de nous l'interdire ? Hérésie, cette diabolisation du plaisir ! C'est elle qui condamne l'humanité à la frustration. Alors, mon Dieu, ai-je tort ou bien suis-je dans le droit chemin ? Ai-je raison de mobiliser autant d'énergie pour poétiser la luxure ? Ou alors serait-ce le Malin qui infecte mon esprit et guide ma plume ? Mes écrits seraient-ils la preuve de mon envoûtement ? Mon Dieu, éclairez-moi !

J'attends, tendu, mais rien ne vient. L'Indicible m'ignore. En écho, de temps à autre, la voix de stentor du prêtre : « *Extinguentur in te,* Marc, *omne virtus diabolica per impositionem sanctum crucem in manorum mearum et per invocationem omnium sanctorum, angelorum, archangelorum, prophetarum, apostolorum, patriarcarum, martyrorum, confessorum virginum at equae simul omnium sanctorum. In Nomine Patris et Filii et Spiritus Sancti.* »

Il interpelle sans ménagement la hiérarchie sacrée, les saints, anges, archanges, prophètes, apôtres, patriarches et martyrs. Il ne mollit pas, donne l'impression de vociférer. Ce n'est pas tout. Il place une croix en or sur ma tête. La magie opère. Même si je ne me sens toujours pas possédé, je suis totalement absorbé par le rituel.

« Relevez-vous, Marc, m'intime le père Michel tout en dessinant un signe de croix sur mon front. Voilà, c'est fini !, ajoute-t-il de son accent chantant. Ça va, vous vous sentez bien ?

— Oui, mon père. Je ne ressens rien de particulier.

— C'est normal. Vous constaterez

l'amélioration dans les jours à venir. Mais ne parlons pas trop. Pour donner toute sa puissance au rituel d'exorcisme, je vais maintenant célébrer une messe pour vous et je demanderai à Jacques, s'il est d'accord, d'y participer activement. »

Après trente minutes d'office, le père Michel nous demande de nous signer une dernière fois et s'enquiert aussitôt de mon état d'esprit. Je reconnais me sentir léger, comme après une séance de relaxation, mais je tiens à lui faire remarquer que tout concourt à cet état de bien-être : le lieu, l'atmosphère de silence et puis, sans flagornerie, la chaleur de son attitude, bien servie par son accent.

Mais fi de ces civilités, je lui confie les interrogations sur mes écrits qui m'ont absorbé pendant la cérémonie. Il roule un rire puis me tranquillise :

« Je suis sûr que votre inspiration n'est pas satanique. Si tel était le cas, je l'aurais senti. En réalité, votre démarche est originale. Vous avez voulu savoir si vous êtes dans le vrai en fondant votre comportement sur le charnel, l'affectif, le sentimental. Si la séance d'exorcisme ne vous a pas apporté de réponse immédiate, je pense qu'elle arrivera plus tard. En attendant, il me paraît indispensable de vérifier les effets de l'exorcisme en retournant devant la boule de cristal. Car, je vous le confirme, il y a bien des gens qui cherchent à vous nuire. Mais rassurez-vous, j'ai perçu que vous avez réussi à vous créer une carapace de protection. Si les forces du Mal s'étaient logées en vous, elles m'auraient infiltré pour tenter de m'abattre. Les douleurs m'auraient pris, je me serais mis à trembler. Il m'est même arrivé de subir un malaise. Dans votre cas, nous sommes loin de tout cela.

— Lorsque vous posiez votre main sur mon front pour faire le signe de croix, je ressentais une énorme chaleur !

— Ah, bon ? C'est drôle, pour moi, c'était vous le véritable brasier. Je l'ai d'autant plus remarqué que c'est extrêmement rare. En général, le possédé est plutôt froid.

— C'est parce que je suis un chaud

lapin, mon père ! », conclus-je dans un grand rire.

Il s'esclaffe avec moi. Là, ce n'est plus un curé qui me fait face. Il est redevenu le rugbyman, ô combien convivial, qui prise la fête. Il enlève sa chasuble. Nous abandonnons la chapelle et nous nous retrouvons dans le bureau. Discrètement, je dépose un chèque aux pieds d'une statue de la Sainte Vierge. Le père Michel remarque mon geste. Il s'étonne.

« Mais, mon Père, c'est normal de vous indemniser.

— Mais non, mais non, c'est mon rôle ! »

Pour autant, il accepte le don sans chercher à connaître son montant.

« Ici, il n'est jamais question de rémunération : chacun y va de son cœur. Certains m'offrent une volaille, un lapin, une bonne bouteille, parfois un objet religieux. Ce qui importe, c'est l'échange spirituel. J'espère surtout que vous allez maintenant pouvoir être dans votre plein rayonnement ! »

Le verdict du cristal

Nous voici à nouveau à Juzes où Luce nous attendait, impatiente, certaine de l'effet. Nous avons à peine le temps de la saluer qu'elle nous entraîne dans la petite pièce où le matériel est toujours en place.

« Vous allez voir le résultat. Et, cette fois-ci, nul doute que nous les aurons, les informations. Votre scepticisme va en prendre un coup. Des visages vont apparaître et tous les autres symboles ! Allez, dépêchez-vous, installez-vous ! »

Me revoici avec la blouse blanche, le plexus collé contre la table, face aux deux boules. Luce tourne autour de moi. C'est le moment du verdict. Est-ce que je vais avoir, enfin, les grandes révélations ? Comment nier que la grisaille sur la boule soit très estompée, même si ce n'est pas encore la parfaite transparence ?

Si Luce exulte, sa joie est vite altérée. Certes il y a bien des symboles, mais la plupart restent flous et surtout aucun portrait n'apparaît. Pour autant, elle continue de clamer que le cristal doit parler. C'est une valeur sûre, il ne l'a jamais trompée.

« C'est bien la preuve qu'on vous fait des "saloperies". Il y a une amélioration, c'est net. Mais ça n'a pas suffi à dégager tout le mal ! »

La voilà repartie avec ses obsessions. Elle clame qu'une deuxième rencontre avec le père Michel résoudrait définitivement mon cas. C'en serait fini du Malin ! À l'entendre, nous devrions repartir derechef pour cent cinquante kilomètres de route. Elle ne nous convainc pas. Selon nous, elle est otage de sa croyance. Pour ne pas vexer cette femme sincère, si généreuse qu'elle refuse la moindre indemnisation, je lui concède qu'un jour, lorsque mon emploi du temps le permettra, je reprendrai contact avec le père Michel.

Retour à Paris

Sur mon répondeur, un message m'annonce la mort de Guy Slakmon, ce complice tant apprécié : en quelques mois, un cancer l'a emporté. Le surlendemain, au cimetière, après avoir béni le cercueil, je relève la tête. Mon regard se pose sur les dates de son existence : 1957-1998... Quarante ans et quelques mois... Quarante ans...

Et puis soudain, la voix de Luce Grimaud me revient en mémoire :

« 1957 ! Cela ne vous dit rien ! Réfléchissez bien. Quand c'est clair comme ça, il n'y a pas de doute. Le cristal ne se trompe jamais ! Nous sommes dans le passé : c'est votre année de naissance ou celle d'un proche. »

Décidément, difficile d'échapper à l'étrange. Alors que, cette fois, le rationalisme semblait sortir largement victorieux de l'expérience, voilà qu'un élément très précis réactive mes interrogations.

6
La mémoire de l'embryon

Commençons ce chapitre par le témoignage de notre nouvel interlocuteur. Une femme : le docteur Claude Imbert, ancien interne des hôpitaux de Marseille et ancienne assistante en hémato-cancérologie des hôpitaux de Lyon.

« Tout débute il y a une douzaine d'années. J'étais encore médecin cancérologue et je traversais une passe difficile dans ma vie professionnelle. Je savais soigner la souffrance physique à l'aide de chimiothérapie ou de radiothérapie, mais j'étais cruellement en manque de moyens efficaces pour aider psychologiquement les malades. Je lisais, dans les regards, d'autres souffrances que je ne pouvais soulager, je me sentais impuissante.

« Malgré ma réussite professionnelle, la

dépression m'envahissait. Je ne comprenais pas pourquoi. Certes, j'avais eu une enfance difficile, mon père étant mort prématurément quand j'avais neuf ans, une perte qui m'avait repliée sur moi-même jusqu'à friser l'autisme.

« Un jour, je décidai de commencer une formation en analyse transactionnelle. Mise au point en 1957 par Eric Berne, le psychiatre américain d'origine canadienne, mort en 1970, cette méthode part d'une intuition géniale : chaque enfant est confronté, à un moment donné de son existence, aux messages de ses parents et aux incohérences perçues dans le verbal et le non-verbal. Il est ainsi dirigé par son instinct de survie qui l'incite à mener sa vie dans une certaine direction pouvant se traduire par : “Je ne dois pas exister. Je ne dois pas être de mon sexe. Je ne dois pas grandir ou, au contraire, je dois grandir vite.” En fait, l'enfant prend conscience qu'il doit se débrouiller seul, toute sa vie, parce qu'il ne peut pas compter sur les autres. La méthode de Berne a pour objectif de faire émerger l'instant moteur de ces décisions, mais elle a cependant ses limites, car on travaille sur la période de la vie qui ne démarre qu'après la septième année.

« Ma thérapie par entretien individuel devait durer trois ans, ce qui me paraissait particulièrement long. Puis, par hasard, une amie m'oriente vers un séminaire de relaxation, ce qui m'a permis de découvrir les vertus de la visualisation et de la réénergétisation. La séance déterminante fut celle où, dans un état modifié de conscience, on me fit remonter à mes dix-huit ans. Inattendu : ce saut dans le passé me projette dans le ventre de ma mère ! Je me vois, embryon terrorisé dans un environnement tout noir. Je m'entends penser que cette obscurité n'est pas celle de l'utérus, mais correspond à la robe noire de ma mère ! Cette voix est, à la fois, celle de l'embryon et celle de l'adulte. Elle me parle, me guide dans un processus de transformation ! J'entends aussi ma mère parler à ma grand-mère : "Ce n'est pas le moment ! Je ne veux pas de cet enfant ! Ça tombe mal !" Elles pleurent toutes les deux. Je suis tétanisée ! Je comprends qu'elles sont en train d'assister aux obsèques de mon grand-père maternel, disparu six mois avant ma naissance.

« Et voilà que je vis l'enterrement de ce grand-père, depuis le ventre de ma mère, alors que je ne suis qu'un embryon de trois mois ! Le plus incroyable, c'est que je vois parfaitement la scène : les visages tristes, blêmes, qui contrastent avec le noir des tenues.

« J'entends aussi une voix : "Parle à ta maman, dis-lui ce que tu ressens." Les recherches que je mène maintenant depuis vingt ans prouvent qu'à trois mois déjà l'embryon réagit, a des perceptions, est en relation directe avec l'environnement. Rien ne lui échappe et comme il est en empathie avec la maman, il partage en résonance son existence. D'ailleurs, des spécialistes de la psychologie prénatale ont cherché à établir un dialogue avec le fœtus. Ils affirment avoir obtenu la preuve qu'il est très tôt animé d'une pensée. Ce que me confirme cette séance de régression puisqu'elle me permet d'apprendre que ma maman souhaitait un garçon et non pas une fille. C'est incroyable tout ce que le fœtus enregistre !

« Une autre équipe de scientifiques français a démontré, par des échographies, que l'embryon réagissait aussi à l'émotion de la maman lorsque celle-ci apprend le sexe de l'enfant qu'elle porte. Si celui-ci n'est pas conforme à son désir, on voit le bébé s'arc-bouter ! L'explication logique était de relier ces réactions à l'émotion de la maman, ce que je réfute. Pour moi, l'embryon a sa propre perception de ce qui se passe. Bien sûr, il ne possède pas de mots mais, pour autant, il est capable d'interpréter qu'il n'est pas du sexe désiré par la mère ou le père et qu'il n'est donc pas conforme à leurs espérances. Non seulement il se sent coupable, mais il craint aussi pour son avenir et a peur d'être rejeté à sa naissance. Tout cela s'imprime dans ses cellules dotées d'une mémoire. La méthode que j'ai créée permet de libérer ces dernières des empreintes négatives subies précocement. Bien sûr, je me suis servie de ma propre expérience pour élaborer le processus. Revivre l'enterrement de mon grand-père m'avait permis de reprogrammer le "Je ne dois pas exister" par un "Je dois exister. J'ai le droit d'être là, de vivre et d'avancer dans la vie". Il me restait cependant encore un problème à régler. Un problème de taille! J'avais découvert qu'un autre bébé avait, en même temps que moi, partagé le ventre de ma mère! Le plus affreux pour moi qui, à ce moment-là, culpabilisait d'être une fille, c'était de constater qu'il s'agissait d'un garçon! Il ne bougeait pas, il était mort! J'avais donc pris la place de l'enfant désiré. Et ce sentiment d'usurpation m'empêchait de vivre. C'est un autre enseignement de mon travail que le constat d'une gémellité fréquente. Les recherches montrent que soixante-dix à quatre-vingts pour cent des femmes ont une double ovulation. Cela m'a conduit à conseiller aux futures mamans de guetter les éventuels saignements apparaissant lors des premières semaines de leur grossesse. Et quand elles en repèrent un, de penser au petit être en germe, d'un millimètre, expulsé ou parfois fossilisé dans l'utérus. Si ma maman avait pu avoir connaissance de ces phénomènes très répandus, l'embryon ne se serait pas dit, effrayé : "C'est moi qui ai tué mon frère !" Tous ces traumatismes me hantaient. Du jour où j'ai pu m'en libérer, les migraines qui me persécutaient au moment de mes règles ont instantanément disparu, ce qui symboliquement a un sens. Ce fait est confirmé par plusieurs études scientifiques, menées par des chercheurs de la branche de l'épidémiologie appelée "recherche en santé primale". Des médecins suédois ont étudié le comportement de cent vingt mères souhaitant se faire avorter, ce qui leur a été refusé, comparé à celui de cent vingt autres mères voulant voir naître leur enfant. Toutes ces femmes et leurs progénitures ont été suivies pendant plusieurs années après leur accouchement. La principale conclusion de l'étude révèle d'importantes difficultés de sociabilité parmi les enfants des mères qui avaient voulu avorter. Ils souffraient d'une forte introversion, étaient bloqués, incapables de communiquer leurs émotions. Une autre enquête, réalisée en Finlande, portant sur onze mille femmes enceintes, auxquelles on a posé la question : "Votre grossesse est-elle désirée ?" a confirmé que le risque de schizophrénie, ou plus généralement de maladie mentale sévère ultérieure chez les enfants, était significativement plus élevé chez les femmes qui regrettaient leur grossesse que chez les autres.

« Voilà pourquoi la thérapie que j'ai mise au point cherche à faire émerger ces moments imprimés dans la mémoire cellulaire, mal compris ou mal interprétés par l'embryon. Il ne s'agit surtout pas de revivre les souffrances du passé, mais de leur apporter un nouveau regard qui n'est pas celui, lointain, de l'adulte, mais celui de l'âge où nous avions imprimé ces événements douloureux. »

Retour vers mon embryon

L'expérience se déroule chez le docteur Imbert, à Paris, près du parc Monceau, dans son appartement bourgeois, plafonds hauts, parquets impeccablement cirés. Sur la cheminée du vaste salon, une statuette en marbre représente deux chats, animal pour lequel le docteur nourrit une passion, comme en témoigne le couple de *korats* qui vient se bouchonner sur nos jambes. Ces chats gris aux yeux étincelants et aux grandes oreilles pointues sont issus de monastères thaïlandais. Pour les moines, ce sont des chats guérisseurs.

Vêtue d'un chemisier parme et d'un pantalon blanc, le docteur Imbert s'assied sur une chaise, à côté du canapé luxueux où elle m'a prié de m'allonger.

« À chaque respiration, me glisse-t-elle de sa voix douce à peine voilée par une musique, imaginez que vos tensions et vos préoccupations s'éloignent dans l'air que vous expirez. Si vous pensez à un mot qui symbolise pour vous le calme, formulez-le mentalement, chaque fois que vous expirez. Vous pouvez aussi l'associer à une image de calme. Visualisez progressivement une belle lumière blanche, brillante, qui vient vers vous et vous entoure comme un nuage. Cette lumière, aspirez-la lentement dans votre corps, remplissez-en vos poumons, puis expirez-la lentement. Continuez cette alternance et imaginez que cette lumière éclaire la mémoire qui est en vous et qu'elle va vous ramener aux prémices de votre vie. Elle est votre sage intérieur. Elle va illuminer la partie de vous qui a tout enregistré depuis la rencontre de l'ovule et du spermatozoïde. Reliez-vous à cette sagesse intérieure, force de connaissance et d'amour. Grâce à elle vont s'ouvrir des portes qui ne doivent surtout pas rester fermées. Sollicitez cette mémoire des profondeurs, cette entrée en contact avec l'embryon dès le début de son développement dans le ventre de votre maman. Prenez le temps de bien le visualiser, avec des mots à vous, parlez à ce fœtus en gestation. Dites-lui que vous avez envie de le retrouver, que vous êtes là pour l'aider à se libérer des émotions qui l'ont blessé. Demandez-lui de vous accueillir. Expliquez-lui que, grâce à sa mémoire, vous allez pouvoir être encore plus vous-même. Mais il faut aussi le sécuriser. Dites-lui que vous, l'adulte, serez là lorsque les souvenirs affleureront et que vous l'aiderez à comprendre ces instants vécus. Ne vous contentez pas de lui parler, envoyez-lui de la lumière. Qu'il se sente vraiment protégé. Et dites-lui aussi que moi, en tant que thérapeute, je suis là pour vous soutenir. Laissez-vous porter par la lumière et la musique. À mesure de votre remontée du temps, votre corps va se rétrécir jusqu'à atteindre une taille minuscule. Veillez à rester dans la lumière jusqu'à vivre l'instant de votre conception. Est-ce que cette lumière vous parle ?

— C'est comme une très forte énergie. À l'intérieur de cette boule de lumière, il y a un bébé qui a envie d'apparaître, calme et souriant. Il est assis mais je ne l'entends pas. Il est dans une enveloppe d'énergie très positive. »

Deux éléments me surprennent en ce début de séance : la qualité de l'image, plus précise que celle d'un rêve, puis ce flux énergétique qui circule en moi et entraîne une poussée de fièvre. J'ai chaud.

« Ressentez-vous que vous êtes ce bébé ?

— Oui, je vois une photo posée aujourd'hui dans la chambre de ma maman. Je dois avoir un an, je suis tout nu, cheveux en houppette à la Tintin. J'affiche un très beau sourire.

— Demandez-lui son prénom.

— Il me vient le prénom de Marc, mais aussi celui de Paul.

— Ces prénoms, vous les avez entendus ou pensés ?

— Ils me sont venus comme ça. J'ai entendu Paul comme une résonance.

— Pouvez-vous entrer en contact avec cette voix et savoir qui est Paul ?

— C'est très bizarre. Mon cerveau semble s'échapper d'un nuage de lumière !

— Décrivez ce nuage de lumière.

— Il est jaune et bleu.

— Ce nuage est-il apparu quand vous avez voulu en savoir plus sur Paul ?

— Non. Je suis simplement resté à l'écoute.

— Et c'est Paul qui est venu.

— Oui.

— Cherchez à comprendre qui est ce Paul.

— Je vois mes grands-parents, des gens très simples qui vivent dans un appartement avec un coin-cuisine et un évier. Je sens la présence de ma grand-mère.

— La mère de votre père ?

— Oui.

— En dehors de votre père, a-t-elle eu d'autres enfants ?

— Oui, un autre fils, mais ni lui, ni mon père ne s'appelaient Paul.

— Votre oncle est-il né avant ou après votre père ?

— Avant.

— Votre grand-mère a-t-elle eu d'autres grossesses ?

— Oui, on m'a parlé d'une petite fille qu'elle aurait eue avec un soldat américain, pendant que mon grand-père était à la guerre en 14-18. Cela fait partie des secrets de famille, et j'ignore si elle a cherché à se faire avorter.

— Cet enfant est-il né avant ou après votre père ?

— Je pense que c'était avant.

— Imaginez-le dans le ventre de sa maman.

— Je vois un petit garçon sur la défensive.

— Qui est-ce ?

— Mon père : il porte une blouse.

— Une blouse d'écolier ?

— Oui, une blouse grise.

— Que fait-il ?

— Il veille.

— Vous le sentez sur le qui-vive ?

— Oui, oui ! Il est dans un lieu sombre où il y a un point blanc, une sorte de large ouverture au sol. Il est terrorisé par ce point blanc, il a peur qu'il l'aspire.

— Qu'est-ce qui peut lui faire peur d'être aspiré ? Cet enfant arrivait juste après cette petite fille qui a fait l'objet d'un avortement ou est morte après sa naissance. Or, dans un avortement, le bébé qui se décroche peut avoir l'impression d'être aspiré. Que peut faire votre papa, dans le ventre de sa mère, avant sa naissance, alors qu'il a peur d'être aspiré ?

— Il s'accroche, car la lumière irradiée par la béance cherche à le capturer !

— Il a peur de cette lumière ?

— Oui, elle déploie une telle force pour l'entraîner.

— Que se passe-t-il ensuite ?

— Je le vois, gamin épouvanté, qui s'accroche à la paroi sombre, engage toute son énergie pour échapper au souffle qui s'obstine à le livrer à la lumière.

— Pourquoi ?

— Il a peur d'être absorbé. Pourtant la lumière est très belle.

— Le prénom Paul est-il porté par quelqu'un de votre famille ?

— Je ne connais pas de Paul.

— Vous le vérifierez par la suite. Revenez dans le ventre de votre maman, au moment où elle et votre papa apprennent la grossesse.

— J'imagine que mon père lui a dit

qu'il ne voulait pas un nouvel enfant. Il faut préciser qu'ils venaient juste d'avoir mon frère né seulement treize mois avant moi. Ma mère a dû succomber aux pleurs. Je vois une grotte avec, au sol, une ouverture blanche et au-dessus, sur la voûte, un point rouge qui s'accroche.

— De quelle façon ?

— Il s'agrippe comme un parachutiste avant de sauter dans le vide. Ce qui m'étonne, c'est ce côté vaporeux, blanc. Le point rouge est au-dessus.

— Vous voyez votre maman pleurer. Que peut-elle ressentir à ce moment-là ?

— Je perçois juste une colère.

— Une colère en rapport avec l'enfant qui va naître ?

— Apparemment, oui.

— Comment réagit votre père ?

— Il ne réagit pas.

— Et votre mère ?

— Ses pleurs sont comme une preuve d'amour.

— Qu'est-ce qui peut vous faire penser ça ?

— Elle semble me dire : Aie confiance en moi, je m'occupe de toi.

— Gardez cela dans votre mémoire pour la suite de votre vie. En même temps, avec vos yeux de bébé, vous voyez le futur : vous naissez, vous grandissez, vous êtes l'adulte d'aujourd'hui. Vous sentez aussi ce lien d'amour avec votre maman. Que pensez-vous de l'indifférence de votre père ?

— Ça ne me touche pas !

— Parce qu'il y a la protection de votre maman ?

— Oui, je suis tout près de son visage, comme si son ventre pouvait monter jusque-là. Ma tête est contre son menton. J'ai la certitude d'être dans l'amour. Je suis son prolongement. C'est une force d'amour phénoménal et j'ai envie de pleurer.

— Alors, laissez venir... C'est très important de vous ancrer dans cette émotion. Si vous avez envie de parler à votre maman, communiquez-lui tout ce que vous ressentez. »

Ça me vient comme un véritable mascaret, une vague émotionnelle qui me soulève le ventre. Picotements et frissons infiltrent tous mes membres. L'onde de choc me remonte dans la gorge. J'étouffe, n'arrive pas à la contenir. Les larmes jaillissent. Pleurs énormes. Je me convulse. Ce n'est pas la tristesse qui me bouleverse ainsi, mais la mélancolie. J'ai la sensation de ne pas honorer l'amour gigantesque qui me lie à ma mère. Les mots se ruent sur mes lèvres, incontrôlables :

« Je prends conscience de ne pas offrir à ma maman tout ce qu'elle peut attendre de moi.

— Montrez-lui que vous êtes dans sa force d'amour.

— Elle incarne l'amour. Un sentiment extrême nous relie tous les deux. Comme je voudrais la gonfler de bonheur.

— Vous avez l'impression de ne pas l'aimer assez ?

— Les circonstances de la vie font que lorsque vous devenez adulte vous vous séparez de la force d'amour. Vous prenez votre indépendance. La liberté transforme l'amour actif en amour moral.

— Restez dans le ventre de votre maman. Vous sentez-vous aimé, bien protégé, dans un cocon bien au chaud ?

— L'image qui me vient est celle d'un bébé nu qui se jette au cou de sa maman.

— C'est la preuve qu'à un moment donné vous découvrez que quelqu'un vous aide. »

J'ai toujours été conscient de l'extrême attention accordée par ma mère. Elle veillait sur moi avec démesure. Pourtant, ça a dû être difficile pour elle de supporter mon caractère rebelle. Je n'exécute un ordre que si l'on m'en explique la nécessité. Dès la maternelle, j'étais ainsi ! D'où une indiscipline chronique. Mais au fond de moi, j'aurais souhaité être sage. Il aurait suffi que l'on cherche à instaurer un dialogue avec moi. Ma mère, bien que choquée par mes incartades, prenait toujours ma défense.

Tout en évoquant ma maman, un nouveau jaillissement d'émotion me submerge. Je tressaille, frissonne. Les pleurs montent, impossible de les retenir. Je fonds en larmes. Comme j'aimerais crier à ma mère que je l'aime. Je me sens coupable de ne pas assez m'occuper d'elle au quotidien. Je pleure, pleure : libération du cœur ! Je me sens projeté vers elle et la broie dans mes bras ! Ce n'est pas une hallucination : je vis la scène !

« Vous pouvez continuer ?

— C'est comme si j'étais son canard boiteux. Celui pour lequel on a une tendresse particulière. On le comprend sans même avoir besoin de lui parler. C'est le miracle de la télépathie entre la mère et l'enfant !

— Cette compréhension du tréfonds provient-elle de ce premier lien quand vous étiez dans son ventre ?

— Oui, mais c'est encore plus fort !

— À quel moment pensez-vous qu'il a pu y avoir une séparation avec votre maman ?

— Je ne vois pas du tout de séparation ! »

Je m'énerve. Irrecevable, cette rupture, tant j'ai toujours été proche de ma mère. Amnésie involontaire. En réalité, lorsque j'avais deux ans, épuisée par la naissance de ma petite sœur, elle a été contrainte à un séjour en maison de repos, séjour qu'elle écourta car la séparation d'avec ses enfants lui était insupportable. Bien qu'ayant connaissance de cet événement douloureux de ma prime jeunesse, ma mémoire l'occulte durant toute la séance, malgré l'insistance du docteur Imbert à faire émerger une rupture.

« Pensez au moment où vous êtes sorti de son corps, au moment de votre naissance !

— Quand je pense à elle, c'est une force d'énergie qui me vient et surtout pas une idée de séparation !

— Concentrez-vous : il y en a bien eu une !

— Non. Je ne sens qu'une force d'amour ! »

J'insiste, péremptoire, fortement agacé par l'obstination du docteur Imbert.

« Bien sûr, mais...

— Même si je me place dans la logique de cette fameuse énergie de lumière dans laquelle je baignais tout à l'heure, je ne sens pas de rupture, mais uniquement de l'amour.

— Laissez la logique de côté pour que jaillissent des informations de votre mémoire cellulaire. S'il y a une séparation douloureuse chez l'adulte, elle réactive ce que vous avez vécu, avant votre naissance. Demandez à votre sage intérieur de vous amener là où il a pu y avoir un choc émotionnel au moment de votre conception, ou un événement qui a touché votre maman lorsqu'elle vous portait.

— Moi, je ne ressens que l'image d'amour, la boule d'énergie et le petit être qui entoure la tête de sa maman. Comme je l'ai décrit tout à l'heure.

— J'insiste. Laissez-vous guider par votre mémoire. »

Maintenant, le docteur Imbert m'exaspère. Je dois faire un effort pour rester calme.

« L'image qui me vient est celle de ma maman. Seule ! Je suis projeté vers elle. Je suis triste qu'elle ne soit pas là.

— À quel moment ressentez-vous cette tristesse ?

— Quand je suis dans ses bras.

— Comment vaincre cette tristesse ?

— En retrouvant ma mère.

— J'ai l'impression qu'un moment de votre vie de bébé a été réactivé. Pouvez-vous voir le moment où vous avez été allaité ?

— Oui. Je suis sur un sein, une boule noire, très noire. Le sein droit. Il est complètement rapetissé. Le sein gauche est normal.

— Cela vous évoque-t-il une association d'idées ?

— C'est la métaphore de l'empoisonnement.

— L'image est-elle venue spontanément ?

— Oui.

— Que signifient cette boule noire et ce sein rapetissé ?

— Je ne sais pas. C'est une sorte de pourrissement. Je finis par devenir moi-même complètement noir.

— Que se passe-t-il maintenant ?

— Tout devient noir.

— À quoi ces images vous font-elles penser ?

— L'association d'idées, qui me vient spontanément, est celle de l'hiver, du noir, du vide.

— Est-ce sécurisant pour le bébé ?

— Cela ne m'effraie pas. Ah, mais ça continue ! Quelque chose de desséché se détache et pendouille. Maintenant, il n'y a plus rien !

— Pour vous, c'est quoi ?

— La mort, je pense.

— Pouvez-vous interpréter cette peur du bébé que vous auriez pu avoir ? J'utilise le mot peur parce que vous avez toussé juste au moment où vous parliez de lui.

— Non, j'ai toussé parce que j'avais un picotement dans le nez.

— Je vous propose de parler à cette boule noire qui symbolise le bébé, avant qu'il ne se dessèche et parte dans le vide.

— C'est comme si elle bouffait ma mémoire ! Un véritable enzyme glouton !

— Qu'avez-vous envie de dire au bébé pour l'aider ?

— C'est drôle, j'ai une vision de sein déformé.

— Prenez le temps de sécuriser ce bébé. Mettez-vous à l'écoute de l'intérieur de vous-même et dégagez-en le positif.

— Le positif, c'est le bébé qui passe la main sur le visage de sa maman pour lui dire : je t'aime !

— Vous sentez-vous sécurisé par rapport à votre maman ?

— Oui ! Oui ! Mais, j'ai toujours été sécurisé.

— Vous voyez encore la boule noire ?

— Non, je vois maintenant une main sur le visage de ma maman.

— Bon, gardez ces images de bébé en vous. On va le laisser grandir, très lentement, jusqu'à l'enfance, l'adolescence et l'âge adulte. Ressentez ce nouvel espace de liberté intérieure, de prise de conscience, de révélations, que vous a apporté ce voyage au début de votre vie. Prenez tout votre temps pour reprendre contact avec l'environnement, avec ces racines qui vous relient à la terre et au matelas. Respirez profondément. Vous pouvez maintenant ouvrir les yeux. »

Je me retrouve dans cet état vaporeux qui accompagne, le plus souvent, la fin d'une sieste écourtée. Mon cerveau brasse des images venues pendant l'expérience. L'une d'elles m'accapare : celle du sein noir rapetissé. En effet, cela correspond à une réalité. Ma mère, malade, a dû interrompre l'allaitement, quelques jours après ma naissance, car son lait m'empoisonnait ! Sevrage problématique. Le lait de vache s'avéra, lui aussi, nocif pour ma santé ! Seul le lait de chèvre me sauva !

Je révèle, tout naturellement, ces informations au docteur Imbert. Surprise ! Alors que j'attends qu'elle rebondisse sur la réalité de ce souvenir, voilà qu'elle me met en garde contre cette logique de l'identification.

« Il ne faut surtout pas chercher à analyser logiquement ce que vous venez de vivre !

— Je ne cherche pas à analyser. Je suis seulement surpris de voir rejaillir des faits aussi précis. Ce qui m'étonne également, ce sont ces pleurs incontrôlables qui me sont venus. Et puis cette force d'amour paroxysmique. Même si je suis conscient du lien très fort qui me lie à ma mère.

— Ce lien maternel est très symbolique, car vous êtes dans la douleur d'une autre séparation. Celle de la femme aimée. Mais, n'oublions pas non plus cette toux au moment de la poussée de l'émotion. »

Jacques s'immisce soudain dans le dialogue. À ausculter mes réactions dans le viseur de sa caméra, il lui paraît indispensable de nous informer de mes attitudes.

« Marc, tu étais un vrai asticot ! Tu bougeais dans tous les sens. Tes bras jouaient les sémaphores. Tes mains passaient, sans cesse, des oreilles au front, et *vice versa*. Et tes jambes avaient, elles aussi, la bougeotte, se croisant et se décroisant. Quant à tes pieds, ils tournicotaient et, souvent, s'ouvraient à la Charlot !

— Cela témoigne bien d'une mise au jour d'une souffrance, remarque le docteur Imbert. J'ai l'impression que, bébé ou enfant, vous étiez dans l'obligation de contrôler vos émotions. Quelque chose vous a fait croire que vous seriez toujours obligé de vous débrouiller seul. Or, notre expérience a prouvé qu'une personne a toujours été là pour vous aider : votre mère.

— Selon vous, quelle est cette histoire de Paul ? Une métaphore liée à saint Paul ? Cela m'étonnerait quand même, ma culture religieuse est des plus limitées.

— Pour moi, c'est quelqu'un qui fait partie de votre histoire. Même si, effectivement, on pourrait songer à saint Marc et saint Paul. Seulement, vous êtes passé de Marc à Paul, en évoquant un avortement ou le bébé mort-né de votre grand-mère paternelle.

— Quand mon grand-père est revenu de la guerre de 14-18, sa femme attendait un enfant. Enfant de la faute, dont elle ne pouvait, sans doute, que souhaiter la disparition.

— Quand une mère souhaite de façon très forte la mort de l'enfant qui est dans son ventre, ou cherche à la provoquer mais sans y parvenir, on constate très souvent que le bébé meurt dans les mois qui suivent sa naissance. Quelle que soit l'hypothèse à retenir, il faut remarquer, dans le cas qui vous préoccupe, que votre papa naît juste après cette disparition. Vous connaissez sa date de naissance ?

— Pas vraiment.

— Ah, encore les flous entretenus !

— Non, non ! Désolé de vous contrarier. C'est moi qui ne fais jamais l'effort de mémoriser les dates d'anniversaire. Reconnaissez que ma famille n'alimente pas trop les secrets, sinon j'ignorerais l'épisode de l'incartade sentimentale de ma grand-mère.

— De toute façon, ne tirons pas de conclusion hâtive. Il vous faudra visionner la cassette vidéo. Pas une seule fois, mais plusieurs, pour tirer tous les enseignements de la séance. Néanmoins, on peut, d'ores et déjà, remarquer que vous avez débusqué l'origine de l'idéal féminin. Mieux, de l'idéal d'amour qui vous anime et qui s'est affirmé dans cette relation avec cette jeune femme aimée.

— J'ai toujours conscience de cet amour total pour ma maman. Il n'a rien à voir avec celui qui m'a lié, dans un débordement des sens, à cette très belle jeune femme.

— Quoi qu'il en soit, Marc, vous ne pouvez pas oublier ce jaillissement dans la lumière, que vous avez vécu et qui symbolise la réalisation d'un idéal.

— Oui. Cette femme était source d'amour, comme éclairée par une aura mystique. Mais j'insiste, il n'y a aucune similitude physique entre elle et ma maman. »

Dans cette expérience, ce qui m'a frappé, c'est l'identification à l'amour maternel et la révélation d'un sentiment de culpabilité pour mener ma vie, en toute indépendance, si heureux de ma liberté. Je prends conscience combien il doit être pénible, pour une mère, de voir ses enfants prendre leur envol.

Stérilité vaincue

Avant de clore ce chapitre, il me paraît honnête de préciser que la plupart des patients du docteur Imbert affirment revivre, grâce à elle, leur naissance, avec des conséquences inattendues, ô combien favorables. À l'exemple de Catherine, cette jeune femme qui tentait, en vain depuis des années, de connaître les joies de l'enfantement. Toutes les thérapies qu'elle avait entreprises s'étaient soldées par un échec ! Et puis, il y a eu la rencontre avec le docteur Imbert.

« Après m'avoir mise en état de relaxation, le docteur Imbert me demande de laisser apparaître, sur une sorte d'écran mental, la représentation des cellules de mes parents. Je visualise donc, de façon symbolique, ma mère sous la forme d'une orange. Au début, l'image est très jolie, mais elle est rapidement remplacée par des images de guerre. Des émotions très fortes, mais très douloureuses, m'envahissent. J'ai l'impression d'entrer dans une histoire qui ne m'appartient pas : celle de ma mère dans le ventre de sa propre mère. Les images de guerre – trains, bombardements, violence... – ne m'étonnent pas, car ma mère est née en plein conflit mondial, au moment où son père, de confession juive, est obligé de fuir la maison pour se cacher. Après m'avoir demandé de visualiser l'ovule de ma mère, le docteur Imbert me prie d'imaginer le spermatozoïde de mon père : il m'apparaît minuscule, très triste, sans aucun désir d'aller féconder l'ovule. J'en éprouve une immense tristesse. Le docteur Imbert me demande de pénétrer dans ce spermatozoïde. Les images de souffrance et de mort sont toujours là.

Pourtant, la fécondation finit par avoir lieu. Je perçois ma première cellule, très lourde, très noire, signe que je porte des poids qui ne m'appartiennent pas. Ils viennent de mes ancêtres, à l'exemple de mon père, enfant non désiré, dont la mère a été battue pendant sa grossesse ! En seulement cinq séances de deux heures chacune, j'ai pu me libérer de ce fardeau familial et exprimer, enfin, toutes les émotions que je portais en moi. Je suis alors tombée enceinte et j'ai vécu ma grossesse dans une totale plénitude. Je suis heureuse de voir mon fils, qui a deux ans aujourd'hui, être épanoui comme moi. Je lance donc un message d'espoir à tous les couples qui ont des problèmes de stérilité, y compris pour des causes organiques : n'hésitez pas à faire cette thérapie, en complément de vos traitements médicaux habituels. »

Le docteur Imbert n'est pas du tout étonnée de la maternité de Catherine :

« Par ma méthode de la mémoire cellulaire, on peut remonter à toutes les générations que nous portons et même au-delà, jusqu'à l'inconscient collectif dont nous sommes aussi les héritiers.

« Catherine n'était qu'un embryon lorsque son père a appris la grossesse de sa femme et s'est exclamé : "Ça y est, les ennuis vont commencer !" Même si cela paraît invraisemblable, je postule que l'embryon a perçu cette information négative. Dans une sorte d'alchimie inconsciente, l'embryon s'est considéré comme un problème pour le père. Or, lui-même avait subi, au moment de sa conception, un préjudice énorme : son propre père, qui ne voulait pas d'enfant, avait été jusqu'à frapper son épouse dans l'intention de provoquer l'avortement ! C'est la mémoire de ce papa-embryon qui a fini par surgir, faisant comprendre ainsi à Catherine la phrase assassine de son père : "Ça y est, les ennuis vont commencer !" Ce n'était absolument pas Catherine qui était en cause, mais bel et bien le passé de son père. Cette prise de conscience la réhabilite tout à la fois à ses propres yeux et à ceux de son père, de sorte qu'elle renouera le contact avec lui, alors qu'ils ne se voyaient plus depuis longtemps. Cette paix établie a permis le "miracle" de l'enfantement ! »

Épuisé, je quitte le docteur Imbert. Comment nier que la séance ait été particulièrement intense et bouleversante ? Néanmoins, je maudis ma mémoire qui s'est obstinée à étouffer ce souvenir de rupture transitoire avec ma maman, ce qui a faussé l'expérience. Je m'interroge sur ce blocage. Le docteur Imbert me laisse à mes questions, la séance ne s'arrête pas à la sortie de son cabinet, mais se prolonge dans les semaines qui suivent, à la condition d'être attentif aux rêves, mais aussi au repérage de synchronicités dans le quotidien. Cela devient un leitmotiv ! Tous mes interlocuteurs m'intiment de procéder ainsi. Apparemment, je ne suis pas très doué pour cet exercice. Au petit matin, les rêves se dérobent à ma mémoire. Les bribes qui restent sont tellement compliquées à décrire, confuses et sans liens entre elles qu'elles me laissent démuni. Quant aux coïncidences, même lorsque je les repère, je n'arrive jamais à leur donner la moindre signification.

Décidément, pas facile d'être cobaye !

7
La médecine des trois corps

Anesthésiste-réanimateur dans le service de chirurgie cardio-vasculaire de l'hôpital Broussais, à Paris, dans le 14e arrondissement, pendant de longues années, Janine Fontaine est aussi acupuncteur et spécialiste de l'auriculothérapie, principe médical selon lequel le corps et ses organes se reflètent en une cartographie très précise dans les plis et contours de l'oreille.

Dans les années 1970, le docteur Fontaine, lors d'un voyage aux Philippines, rencontre un homme qu'elle choisit comme maître spirituel : Tony Agpaoa. Pour ce guérisseur traditionnel, l'être humain n'est qu'un maillon de l'unité cosmique, concept si pertinent pour Janine Fontaine qu'elle a le courage – ou la folie – de rompre avec sa carrière hospitalière pour devenir, en toute humilité, l'élève du praticien philippin sans diplômes. Bouleversement de vie qu'elle rapporte dans son livre *Médecin des trois corps, de la faculté de médecine de Paris à l'ashram philippin*[1].

« Je ne connaissais qu'une médecine, traitant un corps matériel fait d'os, d'organes, de muscles, d'un système nerveux.... J'ai découvert, par la pratique, le corps éthérique, en relation étroite avec la lumière et les couleurs. Il vibre et possède une fonction énergétique. Il anime le corps et lui donne la vie. Enfin, je découvre l'aura spirituelle et j'en devine les manifestations. Je suis amenée tout naturellement à penser qu'il existe trois sortes de médecines. La première s'adresse au corps physique : c'est notre médecine classique. La seconde s'adresse au corps éthérique, qui répond aux vibrations émises par les médicaments homéopathiques, aux mani-

1. Janine FONTAINE, *Médecin des trois corps*, Paris, J'ai lu, 2001.

pulations d'énergie de l'acupuncture et de l'auriculothérapie et, probablement, aux guérisseurs. Enfin, il existe un corps spirituel, que seuls les maîtres véritables peuvent éveiller, diriger, et qui sans doute possède lui aussi sa pathologie propre. Mieux que tout autre, il nous fait entrer en communication avec la face cachée des choses mais aussi avec la force divine. »

À la recherche de mon corps éthérique

Pull et pantalon blancs, le docteur Janine Fontaine nous reçoit tout sourire dans son appartement au troisième étage d'une résidence de haut standing, située en lisière d'un bois de la région parisienne. Pour rédiger ses ouvrages au calme, elle s'est réservé une pièce où, bien que n'exerçant plus, demeurent des reliques de sa pratique : une table d'auscultation et un petit meuble jonché d'instruments médicaux et d'un écorché en statuette constellé de traits de couleur et de points : « C'est mon petit Chinois, précise le docteur, son corps indique les principaux points d'acupuncture et méridiens sur lesquels je travaille avec mes aiguilles. »

Assis face à face, le bureau entre nous, le docteur rompt d'emblée avec le classique entretien médical en me demandant ma date et mon lieu de naissance, non pour établir un état civil mais réaliser, grâce à son ordinateur, ma carte astrale. Préambule surprenant, essentiel pour le docteur Fontaine. Selon elle, l'astrologie donne une idée des pathologies auxquelles chaque individu est sensible, en fonction de la conjonction des astres le jour de sa naissance. Avec diplomatie, je lui fais part des expériences peu convaincantes que j'ai menées avec des astrologues. Même si je reconnais que certains traits de caractère correspondaient à ma personnalité, il s'agissait de généralités. En revanche, les éléments dominants très particuliers qui guident mon existence n'ont jamais été mis en évidence. Quant à mon avenir, il se déroule toujours en contradiction avec l'influence des planètes. Plutôt que de reconnaître les échecs de leur théorie, les spécialistes m'en rendent responsable : « Les astres proposent, l'être humain dispose. Le marin ne peut pas reprocher au météorologue de ne pas savoir utiliser les vents favorables qui lui ont été annoncés. »

Le docteur coupe court à mes critiques : « Il y a astrologie et astrologie. Je peux vous assurer que notre santé est bien sous l'influence des astres et, je le répète, qu'elle nous prédispose en fonction de notre signe à des pathologies bien précises. C'est d'ailleurs le thème de mon dernier ouvrage[1]. »

C'est à mon tour d'abréger la conversation. Ce qui m'intéresse, c'est la médecine énergétique. J'attends d'elle qu'elle me débarrasse de cette douleur à l'épaule qui persiste malgré les divers traitements qui lui sont appliqués. Je lance donc un défi au docteur Fontaine : à elle de me guérir !

Me voici torse nu. Elle m'ausculte le

1. Janine FONTAINE, *Médecine astrologique des trois corps*, Monaco, Éditions du Rocher, 2003.

dos, remonte jusqu'à mon omoplate et, d'un pouce inquisiteur, délimite les contours de la zone douloureuse.

« Regardez droit devant vous. Je sens une déviation vers la droite. C'est le signe d'une petite contracture. Votre douleur est bien là ?

— Non, un peu plus haut.

Elle retire la main et la laisse en suspension à quelques centimètres de ma peau. Tel un magnétiseur, elle balaie l'air d'un geste rotatif. Le mouvement se traduit par une légère source de chaleur sur mon épiderme.

« Vous voyez ? Ah, non, suis-je bête, vous ne voyez pas, évidemment, puisque vous me tournez le dos ! »

Elle interpelle alors Jacques.

« Et vous, vous voyez ma main qui se soulève ?

— Oui, oui ! Très bien. »

Jacques constate que la main du docteur Fontaine épouse un dôme invisible.

« C'est le corps éthérique. Il est décollé. C'est donc toute cette région qui est touchée : on remarque même un changement de couleur de la peau. Il faut que je travaille à cet endroit précis. Je compte : 1, 2, 3, 4, 5, 6, 7. Ici, ça vibre à 7. Là : 1, 2, 3. Ça vibre à 3. Marc, vous souffrez depuis combien de temps ?

— Presque dix ans.

— Vous avez fait des radios ?

— Non.

— Ce n'est pas raisonnable. Il faudrait faire des radios précises de cette région. Tiens, je ressens un petit creux, ici. Il me semble percevoir un disque intervertébral abîmé, mais il y a aussi une contracture musculaire. Elle agit sur la colonne vertébrale et la dévie légèrement. »

Jacques glisse derrière moi et constate un léger creux à la base de mon épaule. Observation furtive. Le docteur Fontaine lui bouche la vue pour saisir mon bras droit.

« Ça m'aide à compter les vibrations, dit-elle pour expliquer son attitude. Pour l'instant, je vais passer à l'utilisation des aiguilles. Elles sont en or. Je les ai stérilisées à l'alcool.

— Aïe, je ne suis pas très piqûre ! »

Fi de ma badinerie. Le docteur Janine Fontaine s'empare de quatre aiguilles et les enfonce, de façon à emprisonner la zone douloureuse dans un carré fictif.

« C'est une première approche, une thérapie très locale, qui n'est pas encore une manipulation d'énergie. Idéalement, il aurait d'abord fallu faire des radios très précises de cette zone. »

Elle se remet à compter, égrenant des chiffres à voix haute.

« 1, 2, 3, 4, 5, 6, 7. Ah, c'est bien : nous sommes passés de 3 à 7! C'est signe que l'énergie passe. »

Autant tout à l'heure je percevais une chaleur lorsque la main du médecin me survolait, autant là je suis passif et ne ressens strictement rien. Après quelques secondes, comme pour laisser circuler l'énergie, elle retire les aiguilles.

« Maintenant je vais examiner le côté antérieur afin... »

La voix du docteur s'amenuise, n'est plus qu'un vague écho, mes jambes se dérobent. Je vacille. Instinctivement, je tente de rameuter les forces qui m'abandonnent. C'est pire : mon cerveau tourne, tourne. Je chancelle, tel le boxeur qui vient de subir un uppercut foudroyant. La réalité s'estompe. Manège infernal de plus en plus rapide. Je bascule. Mon crâne n'est plus qu'une caverne. Bien que coupé du monde, je perçois très loin l'écho de la chute d'un objet. Une aubaine, ce son : j'y accroche mes esprits. Il s'amplifie, s'approche. Ça y est, je l'entends plus clairement.

« Asseyez-vous, m'intime le docteur Fontaine. Non, allongez-vous plutôt. »

Elle oublie son âge, sa fragile constitution et me soutient aux épaules. Preste, le docteur ! Elle accompagne mon mouvement. J'ai conscience de m'allonger.

« Ça va mieux, maintenant ? »

Doucement, je reviens à la réalité et sens sa main glisser sur mon torse avant de se fixer sur mon plexus solaire.

« Votre malaise prouve que l'énergie est passée : elle a créé "un lâcher prise". Ça arrive souvent mais, chez vous, il a été particulièrement important et spectaculaire ! C'est logique : j'ai transféré une part d'énergie qui n'était pas à sa place, et c'est ce qui a entraîné le vertige. Ça va mieux ?

— C'est fou. C'était un véritable coupe-circuit.

— C'est ça un "lâcher prise". C'est aussi de ma faute. Quand j'exerçais, je prenais plus de temps pour examiner le patient. Ça me permet d'avoir des repères, mais là, comme il s'agit d'une expérience, au lieu de vous allonger, je vous ai laissé debout parce que vous êtes jeune et puis Jacques voulait filmer.

— Jeune, jeune ! Quel vertige. Mon cerveau ne coordonnait plus rien du tout. Vous ne manquez pas de punch, docteur ! »

Absorbée par son sujet, le docteur est impossible à divertir.

« Votre "lâcher prise" » est non seulement d'origine énergétique, mais aussi d'origine psychique. Ce malaise provient de la libération de l'état psychique, qui a causé votre chute à ski. C'est un phénomène classique en présence de quelqu'un comme vous, toujours tendu, actif, nerveux. Résultat, en pleine séance, pouf !

— Quand vous dites qu'il s'agit d'un "lâcher prise" d'ordre psychologique, ça veut dire qu'il y avait un élément perturbateur qui s'est soudain dissipé ?

— La remémoration de votre chute à ski est toujours bien là, imprimée dans votre cerveau. Ajoutez à cela une forte tension entre Uranus et Mercure qui provient de votre intense activité cérébrale et le "lâcher prise" se déclenche ! »

Je réfute Uranus et Mercure, et réclame une explication plus terre à terre.

« Docteur, imaginons que nous reproduisions la séance plusieurs fois de suite, sans rien changer à votre approche : ce "lâcher prise" se répéterait-il systématiquement ?

— Non, bien sûr, le "lâcher prise" survient une fois.

— Ce malaise serait donc lié à ma douleur. Comme si une mémoire omniprésente me rappelait qu'elle ne m'a jamais quitté.

— Exactement !

— Tout à l'heure, quand je reprenais mes esprits, vous avez posé votre main sur mon plexus solaire. Dans quel but ?

— Pour réorganiser vos énergies, c'est un véritable geste de magnétiseur. Je tiens à préciser que vous avez eu un malaise parce que j'ai essayé de remettre en place vos déséquilibres énergétiques à l'aide d'aiguilles. Chez quelqu'un qui m'aurait semblé plus fragile que vous, je l'aurais fait à la main.

— Ce geste permet-il de rétablir les équilibres énergétiques sur toute la surface du corps ?

— Oui.

— Si vous aviez placé votre main gauche, ça aurait eu le même effet ?

— Ce n'est pas comme cela que ça fonctionne. La main gauche perçoit l'information et la droite émet l'énergie. Ça vous a sans doute échappé mais, à l'instant de votre malaise, je venais brusquement de changer de plan.

— Que voulez-vous dire ?

— Que j'entrais dans le monde vibratoire. C'est ça que j'appelle "changer de plan".

— Ça me perturbe, cette histoire de "lâcher prise". Je voudrais mieux comprendre. Une fois le souvenir du traumatisme remonté, est-il effacé à tout jamais, ou risque-t-il de revenir ?

— C'est variable selon les individus. Bon, continuons la séance. J'éviterai de nouvelles manipulations. Je vérifierai aussi la disparition du "lâcher prise" par une auscultation de l'oreille.

— Une auscultation de l'oreille ?

— C'est l'auriculothérapie de l'acupuncture de l'oreille. Et uniquement de l'oreille. Dites-moi, êtes-vous droitier ?

— Oui.

— Je le sens aux contractures dans votre main droite. Vous devez écrire au stylo et non pas à l'ordinateur.

— C'est vrai !

— Je vous laisse quelques instants. Il faut que je montre quelque chose à Jacques. Repensez fortement à votre accident. »

Le docteur Fontaine présente alors à

Jacques un minuscule maillet au manche en plastique, terminé par deux pointes, l'une en or, l'autre en argent.

« Regardez bien, Jacques. Je vais demander à Marc de repenser à son accident. Je pose la pointe du maillet sur le lobe, là... regardez ! Vous voyez le rouge ? »

Jacques, figé, écarquille les yeux.

« Où voyez-vous du rouge, docteur ?

— Au pouls. Uniquement au pouls que je perçois grâce à ma main gauche posée sur le bras. Je ressens une onde positive et, en même temps, son corps éthérique se décolle à l'endroit du traumatisme.

— Et la couleur, alors ? », relance Jacques.

Il peut toujours l'interroger, c'est à nouveau moi qui intéresse le docteur Fontaine.

« Marc, vous ressentez quelque chose ?

— Non, docteur. »

Le docteur Fontaine sent qu'il est nécessaire de nous éclairer sur sa pratique.

« J'ai dispersé l'énergie et tonifié la région de la douleur. Maintenant je travaille sur le corps éthérique, pas directement sur la partie douloureuse de son épaule, mais au niveau de l'oreille. Je vais beaucoup plus loin que l'auriculothérapie classique. Ma méthode est liée à la théorie des trois corps. N'oubliez pas : nous avons un corps physique, un corps spirituel et un corps énergétique. Le corps physique, vous m'avez vue le palper. Le corps spirituel, c'est l'aura. Le corps énergétique, c'est celui sur lequel circulent les méridiens d'acupuncture. Tout à l'heure quand j'ai placé ma main à quelques centimètres au-dessus de votre épaule, je cherchais les *chakras*. Nous en possédons tous sept : ce sont des cercles invisibles qui émettent un rayonnement d'énergie et c'est ce rayonnement que je ressens au bout de mes doigts. Vérifions l'évolution de votre état vibratoire. Tout à l'heure, vous étiez au niveau 7. Je reprends votre bras et avec mon autre main, je suis au contact de votre corps éthérique. Ah, il y a une montée en puissance, c'est net ! 1, 2, 3, 4, 5, 6, 7, 8, 9, 10, 11. Nous voici à 11 !

— Comment voyez-vous cela ?

— Au pouls ! Mais pas au pouls habituel, palpé par les médecins. Non, au pouls vibratoire qui correspond au vrai pouls, pris en surface et non en comprimant l'artère. Tiens, voilà la couleur rouge qui se manifeste à nouveau ! Dans l'oreille gauche, c'est-à-dire dans l'inconscient.

— Vous dites que l'inconscient se trouve dans l'oreille gauche ?

— Oui : à gauche chez les droitiers. Et à droite chez les gauchers. Vous m'avez bien dit que vous étiez droitier, n'est-ce pas ?

— Oui.

— Maintenant, je vais agir sur le conscient, donc sur l'oreille droite. Comme toujours, je disperse l'énergie d'un endroit pour en tonifier un autre. En piquant ici, je travaille sur votre mental.

— Docteur Fontaine, une chose me tracasse à propos de ma chute à ski. Elle a eu lieu en présence d'une femme que j'ai beaucoup aimée. Vous pensez que cette douleur peut être liée à cette femme ?

— Sans doute, parce que cette douleur se situe entre le psychisme et la sensibilité. On va essayer de voir. Pouvez-vous penser à elle ? »

Les yeux fermés, j'imagine le rêve perdu dans la splendeur de sa nudité sur une plage.

« Oh là, oui ! Regardez-moi ça ! Votre corps éthérique se soulève ! Il faut vraiment traiter cela et pour éviter que vous ne subissiez un nouveau malaise, je vais agir sur votre oreille. »

Le docteur Fontaine réintroduit le maillet et, avec une précision d'horloger, le place au-dessus du lobe.

« Voilà, nous allons maintenant passer à la phase de guérison !

— J'espère !

— Soyez confiant ! Regardez, vous réagissez tout de suite : votre oreille devient toute blanche ! Allez, pensez intensément à cette femme. »

Exercice aisé. Je la vois parfaitement.

« Voilà ! La coloration est bien blanche. Instantanément !

— Comment expliquez-vous cela ?

— C'est ce qu'on appelle une vasoconstriction. »

Absorbée par sa pratique, elle interrompt là l'explication pour me planter des aiguilles dans le lobe de l'oreille droite.

« Pensez à elle. »

Je tisonne avec plaisir le souvenir.

« Hou, là ! Eh bien, dites donc, cette femme a perturbé votre psychisme. L'endroit précis où je pique dans l'oreille représente la région de la sensibilité. Ah, ces chagrins d'amour...

— On peut voir des chagrins d'amour dans les oreilles ?

— Bien sûr. La preuve : on peut même apercevoir des choses beaucoup plus extraordinaires ! Un jour, une patiente m'a annoncé voir son père décédé. Elle m'a dit le distinguer sous forme de fantôme ! Il était debout, l'air triste. À la séance suivante, elle a remis ça, sauf que cette fois, il lui est apparu en pleine forme, tout souriant.

— Malgré le respect dû à votre patiente, on peut penser qu'elle fréquentait un peu trop dame bouteille! Et vous, docteur, vous le perceviez le fantôme?

— Bien sûr que non. J'étais accaparée par les oreilles, les vibrations, les couleurs. Et tout cela me permettait d'accréditer, sans que j'aie besoin de le voir, ce que racontait cette dame. Mais revenons à vous. Nous allons faire ça en douceur. Il faut que je vous ménage, vous êtes tellement sensible. Vous êtes prêt? Comptez maintenant à voix haute.

— Pourquoi dois-je compter?

— C'est une méthode personnelle. En faisant énumérer les nombres au patient, j'ai constaté qu'arrivé à un chiffre, il n'y avait plus du tout de vibration sur son pouls. Très vite, j'ai compris qu'il y avait une correspondance entre les nombres et les organes, et que le silence du pouls révélait l'origine du malaise. Allez-y!

— 1, 2, 3, 4, 5, 6, 7, 8, 9, 10, 11, 12, 13, 14, 15...

— Oh là! Redites-moi 15, plusieurs fois de suite.

— 15, 15, 15.

— Ah, c'est net, votre pouls vibratoire

s'arrête à 15. Et dans la théorie des tarots, l'arcane majeur 15 ne symbolise-t-il pas la sexualité ? Vraiment, cette femme vous poursuit ! »

Invraisemblable !... Je ne connais pas le docteur Fontaine de façon intime, elle ignore ma philosophie libertine. J'égrenais les chiffres mécaniquement, ignorant tout de la symbolique des tarots. Je suis donc bien obligé d'admettre qu'elle a perçu une modification de ce qu'elle appelle le pouls vibratoire. Voilà qui nécessite quelques éclaircissements.

« Vous en appelez aussi aux tarots, docteur ?

— Ce n'est pas une question de cartes mais de symbolique. N'oubliez pas : dans le cosmos, tout est en résonance et le chiffre 15, c'est le diable, non pas dans la notion du Mal mais dans l'appel de la sexualité. Et avec cette jeune femme, vous viviez une grande volupté, je le sens. »

J'opine du chef.

« Reprenez au chiffre 15 et allez jusqu'à 25... Parfait. Nous sommes arrivés au bout du côté gauche, le côté rationnel.

Pour moi, c'est le signe que cette femme vous poursuit encore mentalement.

— Vous avez raison. »

Janine Fontaine me demande de me redresser et de m'asseoir. Elle ouvre ses deux bras comme un tribun face à la foule et les place au-dessus de mes épaules.

« Vous vibrez à 72, c'est extraordinaire ! Vous vous êtes mis en accord avec mes propres vibrations ! Ce nombre de 72 est généralement le mien. Vous étiez à 7 au début et vous venez de monter à 72. Quand on atteint ce niveau, les énergies circulent et on élimine beaucoup de choses. Une remarque, cependant : je dois vous mettre en garde face au risque de réactions pouvant survenir après la séance.

— Quel genre de réactions ?

— De la fatigue, essentiellement. Une grande fatigue. Vous allez peut-être aussi faire des rêves surprenants ou ressentir une grande sérénité. Cela diffère selon les individus. Un conseil : reposez-vous.

— Pour l'instant, je ne me sens pas du tout fatigué.

— Certes, mais la fatigue vient plus tard. Avant de vous laisser partir, je vais vérifier vos *chakras* de la tête. »

Ses mains enrobent mon crâne, à quelques centimètres de distance, descendent sur la nuque, puis se rejoignent sur les tempes.

« Je travaille sur divers plans de votre corps. Je corrige les équilibres énergétiques et j'appelle les bons esprits sur votre tête pour qu'ils vous protègent. Maintenant, concernant la douleur chronique à l'épaule, je vous conseille de voir un chiropracteur qui fera faire des radios et étudiera cela très soigneusement. Moi, je n'ai pas pu redresser la colonne vertébrale. Certes, j'aurais pu poser des aimants, des boules d'or ou d'argent que j'aurais collés sur votre omoplate. Mais ça ne fonctionne qu'en cas de douleur physique. Or, vous concernant, c'est autre chose, en arrière-plan il y a le mental : avec le souvenir omniprésent de cette femme. »

Léger soulagement

Dans les semaines qui suivent cette séance, je constate une distanciation réelle par rapport au souvenir de l'amour perdu, si bien que son évocation ne m'inspire plus de frissons ou de crispation d'estomac. Il y a donc une nette évolution mentale, ce qui, ajouté à un tempérament naturellement optimiste, me vaut une véritable allégresse. En revanche, la douleur à l'épaule n'a pas disparu, mais elle est fortement atténuée. La nuit, j'arrive même à rester quelques minutes sur le côté droit, au grand bénéfice de mon sommeil.

8

Les chakras

Ancienne choriste et danseuse de Claude François – « Clodette » disait-on à l'époque – et auteur du livre *Kristy, une mélodie du bonheur*[1], Marie-Christine Reculard enseigne le yoga et le chant holistique dans une banlieue parisienne et prétend pénétrer les *chakras* du consultant par visualisation des couleurs.

« Il y a sept *chakras,* nous précise Marie-Christine Reculard dès le début de l'entretien. Chaque *chakra* est en relation avec un plan de conscience et un plan physique, c'est-à-dire avec tout ce qui appartient à notre vie de tous les jours : santé, événements, monde du travail, senti-

1. Marie-Christine RECULARD, *Kristy, une mélodie du bonheur,* Mouriès, Éditions du Fil invisible, 2000.

ments... Et si l'énergie circule mal entre ces centres, il y a répercussion immédiate sur le plan physique avec les conséquences négatives que l'on peut imaginer. »

— Et si nous passions en revue tous les *chakras* ?

— En partant du bas du corps et en remontant vers la tête, à la racine de la colonne vertébrale, on trouve le premier *chakra*, le *chakra* racine : il gouverne les hanches, les jambes, les pieds et est en relation avec la mère et la terre. Il exprime la confiance, la sécurité, tout ce qui est matériel : le foyer, l'argent, la maison. Sa couleur : le rouge.

Le deuxième se situe au-dessus du pubis. Il est le centre des plaisirs et des émotions. Attention, il ne faut pas le réduire à la sexualité, c'est aussi le *chakra* de la fertilité. Sa couleur : l'orange.

Le troisième, le *chakra* ombilical, situé au niveau du plexus solaire, régit les muscles, la peau, les yeux et la façon de voir sa vie. Ce *chakra* représente la liberté, le pouvoir et le contrôle. Il est en relation avec l'élément feu. Sa couleur : le jaune.

Le quatrième, niché au milieu de la poitrine, est le *chakra* du cœur, de l'amour inconditionnel, des sentiments. Sa couleur : le vert.

Le cinquième, ancré dans la gorge près de la troisième cervicale, est le *chakra* de la relation, de la communication, de l'expression de soi, de l'écoute. Il gère tout le système oto-rhino-laryngologiste, c'est-à-dire gouverne la voix, les oreilles et le nez. Sa couleur : le bleu.

Le sixième est le *chakra* frontal, au-dessus des sourcils. C'est celui de la conscience individuelle, de l'esprit, de ce qui se cache derrière les apparences. Il est la source des dons qu'on pourrait qualifier de paranormaux : perceptions extrasensorielles, voyance... Sa couleur : l'indigo.

Enfin, le septième, placé au-dessus du corps et tourné vers le ciel, se distingue des autres car il est le symbole de la conscience universelle, de l'autorité, de la transcendance. C'est le *chakra* du père. Sa couleur : le violet.

Pour la petite histoire, on considère que les cinq *chakras* situés entre celui-ci et le *chakra* racine forment les pétales d'une fleur de lotus épanouie, orientés vers l'avant du corps physique. Vous pouvez aussi remarquer que les *chakras* représentent les sept couleurs fondamentales de l'arc-en-ciel. Or, lorsqu'on les mélange, on obtient le blanc, c'est-à-dire la couleur symbolique de la lumière. Et la lumière est le signe de l'Amour avec un grand A, un sentiment inconditionnel qui n'attend rien en retour. »

Visite de mes chakras

Sa théorie exposée, Marie-Christine Reculard propose de passer à la pratique. Afin de faciliter la circulation de mes énergies, elle me demande de retirer ma ceinture, ma cravate, mes chaussures, de dégrafer mon col de chemise et de m'allonger sur la moquette.

« Nous allons travailler en association. N'attendez pas de moi que j'agisse sans votre complicité. Je ne suis qu'un guide, c'est vous qui allez rétablir l'équilibre énergétique de vos *chakras*. Pour commencer, nous allons effectuer une légère séance de yoga que nous conclurons par une phase de relaxation. C'est à ce moment-là, en relaxation profonde, en ondes alpha, que je vous inviterai à entrer dans la visualisation de la pensée positive. C'est la phase déterminante de l'expérience, moi assise sur le canapé, vous, allongé sur le sol. Je profiterai du lien empathique que nous allons créer pour m'infiltrer mentalement dans vos *chakras* et vérifier ainsi la qualité de leur ouverture. »

J'ai déjà fermé les yeux et m'applique naturellement à une respiration profonde. La voix de Marie-Christine me berce. Je glisse doucement dans un état vaporeux. Pour autant, je reste bien présent à la réalité, capable de nourrir le dialogue :

« Avez-vous l'impression d'entrer en télépathie avec moi ?

— Parfaitement ! Un canal s'est ouvert et nous relie.

— Et alors ? Vous percevez mes états d'âme ?

— Oui, vous êtes égal à vous-même : à la fois ouvert et sur la défensive. C'est votre paradoxe. Vous voulez vous ouvrir à des perceptions nouvelles, mais vous vous défiez d'un abandon total. Je dirais que vous laissez une partie de votre subconscient à l'affût, comme un garde, de peur sans doute que votre interlocuteur ne profite de la situation pour chercher à vous transformer.

— Oui, je veux bien être cobaye mais tout en restant sous le contrôle de mon libre arbitre !

— C'est là l'obstacle ! Avec les gens normaux, plus dociles, grâce au travail sur la voix, le sujet fait rejaillir des souvenirs étouffés depuis la prime enfance. Avec vous, je crains que ça ne grippe un peu !

— Pourquoi ?

— Parce que vous êtes satisfait de

votre façon d'être. Vous ne voulez surtout pas changer. Or, certaines libérations conduisent à des transformations qui remettent en cause le chemin de vie dans lequel on est inscrit.

— Ça, c'est sûr, je n'ai pas envie de changer ! J'ai l'intime conviction d'avoir eu le privilège de me découvrir très tôt et donc de pouvoir me construire. Je ne crains pas de changer puisque je suis moi-même. Vous savez, c'est une chance de se lever le matin en disant : Que c'est bon de vivre !

— Je vous reconnais bien là. Vous êtes structuré sur un modèle idéal, bien ancré sur votre *chakra* jaune, celui de la liberté et du contrôle. Vous êtes un absolutiste de la liberté !

— Exact !

— Vous voulez être libre pour aller au bout de ce que vous croyez être juste pour vous.

— Être libre, c'est être dans le meilleur rayonnement possible, c'est pouvoir fleurir tout son potentiel, ce qui permet aussi d'envisager une histoire d'amour exceptionnelle, tant il est vrai que l'amour authentique n'est réalisable que si chacun des deux amants se connaît parfaitement. »

Mettant fin à la conversation, Marie-Christine Reculard m'invite de sa voix douce à inspirer profondément et à expirer lentement. Puis elle me demande d'effectuer différentes postures de yoga : jambe droite pliée sur le genou gauche, figure du poirier, pieds dressés vers le plafond. L'enchaînement se termine sur le dos, bras en croix.

« Ne respirez que par le nez afin de stimuler les zones réflexes situées à l'intérieur des narines. »

Au fil des respirations, j'ai la sensation que mon cerveau est comme une grotte silencieuse dans laquelle je me serais alangui.

« Nous allons réaliser ce que j'appelle la visualisation créatrice. Imaginez qu'à travers la grande baie vitrée de mon salon, vous apercevez l'univers. Où aimeriez-vous vous propulser ?

— Dans les bras de la femme idéale,

femme merveille à émerveiller avec laquelle nous vivrions la déraison la plus totale, échappant à la gravitation terrestre, dans un état divin jusqu'à la fin des jours !

— Résumons cela par une phrase : "Je rencontre la femme idéale avec laquelle je vais grandir." Vous allez répéter cette phrase avec moi, tout en fixant votre attention sur votre écran mental. Vous allez vous y voir avec elle, dans toutes les scènes que vous voulez. Je vous fais confiance ! Ça risque de nous occuper un bon moment ! »

Son sourire amplifie la plénitude qui s'empare de moi. Celle-ci est contrariée par le souvenir qui jaillit : l'image, toujours la même, de la beauté envolée. Je la rejette, refuse cet emprisonnement dans le passé. C'est d'avenir dont je veux rêver. Je confesse à Marie-Christine Reculard l'élément parasite.

« Vous avez peur de la voir ?

— Non, je veux être libre !

— Alors pensez à une lumière dense.

Laissez-vous aller à l'imagination plutôt qu'à la visualisation. Quand je vous sentirai dans une vibration heureuse, j'en profiterai pour me projeter en vous et visiter vos *chakras*. Je n'y chercherai rien de particulier. J'observerai juste leurs couleurs afin de pouvoir rétablir leur équilibre. »

Bien qu'aux nimbes mon cerveau reste lucide. Impossible d'admettre que Marie-Christine Reculard, même par dilatation de son enveloppe éthérique, puisse s'infiltrer en moi. Je lui avoue mon incrédulité.

« Je n'en attendais pas moins de vous. Ça ne m'empêchera pas d'agir et d'aller observer la couleur de vos *chakras*. »

Jacques, qui suit la scène, remarque le visage très concentré, les yeux bien clos de Marie-Christine, assise sur le canapé, mains vibrantes, paumes tournées vers le ciel comme pour une incantation à la divinité. Elle reste comme ça une dizaine de minutes, tandis qu'une nouvelle fois je me laisse emporter par un festival d'images lubriques. C'est elle qui interrompt la farandole en lançant : « Ça y est, j'ai visité vos *chakras* ! » Mon retour au présent est instantané. Je me redresse, m'assieds sur mon séant et ne peux m'empêcher de la taquiner.

« Ma chère Marie-Christine, sans vouloir vous offusquer, j'aimerais savoir ce qui vous permet d'affirmer que vous avez visité mon intérieur ! Moi, je n'ai rien ressenti. Comme je vous sais intègre, n'êtes-vous pas victime d'une hallucination ?

— Non, il ne s'agit pas d'une hallucination. Une fois les yeux fermés, je me sens comme absorbée par vos centres énergétiques. Ils rayonnent. Je les vois distinctement, passe de l'un à l'autre et observe leur fonctionnement. C'est très ludique pour moi ! Vous ne comprendrez cela que le jour où vous serez capable d'atteindre le "lâcher prise", barrière qui nous empêche d'entrer dans les autres dimensions.

Tout le monde évoque le lâcher prise, l'expression n'est pas claire pour moi.

— Dans mes cours de yoga, j'apprends à mes élèves le lâcher prise. J'ai trouvé une façon rapide et simple d'y arriver : je leur dis de s'imaginer tombant dans le vide puis de se laisser descendre, descendre, descendre. J'applique moi-même la méthode lorsque je ressens une douleur et ça me soulage à chaque fois !

— Revenons à votre voyage en moi. Je suis curieux de savoir ce que vous avez pu percevoir.

— Quand je suis entrée en vous, par la tête, des ombres me bloquaient le passage. Il y en avait une, très importante, dans la main gauche : je l'ai éliminée. Cela explique le mouvement permanent de mes mains durant toute la séance. Après, je suis descendue, j'ai ressenti une douleur au cou. Arrivée au niveau de votre ventre, je me suis heurtée à une sorte de grillage. J'ai dû l'enlever car il ne faut jamais rien laisser traîner sur le plan énergétique. Puis j'ai repris mon voyage vers les jambes en passant par la gauche. Aux pieds, il m'a fallu réactiver le passage de l'énergie qui était entravée. Ensuite je suis passée sur vos *chakras* rouge et orange, ne m'y arrêtant pas : ils étaient en bon ordre.

En revanche, le jaune était plutôt affaibli. Je rappelle que ce *chakra* exprime la notion de contrôle, de réflexion, mais aussi de liberté.

— Je croyais que, d'après vous, c'était pourtant le *chakra* que vous perceviez le plus intensément chez moi, au début de la séance ! »

Elle sourit et poursuit, éludant ma question.

« J'ai continué mon voyage dans le *chakra* vert : je l'ai trouvé un peu sombre, manquant de clarté, de lumière. Le vert, c'est l'amour : "Je m'aime et j'aime les autres sans condition." Et puis, je suis arrivée au *chakra* bleu : il était vraiment d'une belle couleur ! Comme c'est le *chakra* de la communication, cela prouve que vous rayonnez professionnellement. Enfin, le plus important de mon travail s'est situé au niveau de votre *chakra* frontal, celui de la conscience individuelle. J'ai perçu un réel manque de confiance par rapport à votre passé.

— Excusez-moi, je ne comprends pas bien. Pouvez-vous préciser ?

— Quand je rentre dans un *chakra*, je n'attends rien de précis. Et là, j'ai découvert des souvenirs.

— Ça peut remonter à l'enfance ?

— Oui et je vous propose de profiter de la réactivation de vos *chakras* pour passer maintenant aux vocalises, car la voix est le reflet de soi. La première fois que j'entends quelqu'un, je devine ce qu'il a vécu dans l'enfance et ce qu'il éprouve au moment présent. Chaque note que l'on exécute ou que l'on n'exécute pas suggère une histoire. De sorte qu'en développant son étendue vocale, on dépasse ses limites, ce qui améliore la vie et son rapport aux autres. »

Chakras, *couleurs et vocalises*

Elle se met au piano et me demande de faire des vocalises sur les couleurs des *chakras* figurés par un cercle sur un tableau, accompagné chacun d'un son et d'une lettre.

Chakra crânien : violet, OM, M.
Chakra frontal : indigo, KSHAM, I.
Chakra de la gorge : bleu, HAM, E.
Chakra du cœur : vert, YAM, A.
Chakra ombilical : jaune, RAM, O.
Chakra du sexe : orange, VAM, O.
Chakra racine : rouge, LAM, U.

Après un bref échauffement de ma voix, en tenant le plus longtemps possible des sons comme « EA », « EO », « EI »..., nous passons aux vocalises sur les lettres placées à droite du tableau. Nous commençons avec le *chakra* racine. Chaque son est exécuté trois fois de suite : « OU, OU, OU », « OH, OH, OH » « OM, OM, OM ».

Ça peut paraître facile comme ça, mais je déraille, m'étrangle, incapable d'atteindre certaines sonorités. Marie-Christine Reculard est pourtant satisfaite.

« Vous descendez vraiment dans les graves : c'est rare !

— Je sors de l'ordinaire, alors ?

— Vous êtes descendu jusqu'au *do*. La

note qui est sous le *do*, c'est le *si*, donc le *chakra* violet, le *chakra* du père. Dès la première séance, ça me permet de déceler la perception de l'enfant par rapport à ses parents. J'en conclus que cela ne s'est pas très bien passé avec votre papa. Vous savez que, chez les Orientaux, on choisit ses parents avant l'incarnation.

— C'est vrai que j'étais constamment en conflit avec mon père, mais c'est un homme qui m'a beaucoup marqué par son esprit d'indépendance. Je l'admirais et si vraiment je l'ai choisi, je ne le regrette pas !

— Chacune des notes de musique est en relation avec une couleur et un *chakra*. On pourrait dire que la fréquence vibratoire d'une note de musique correspond à une couleur et à l'un de nos centres d'énergie. Et toutes les notes limitatives graves ou aiguës sont précisément les limitations de notre vie. Dès le premier cours, je dispose ainsi d'une radiographie sur la vie du consultant.

— Vous dites qu'il y a sept *chakras* et sept couleurs comme dans l'arc-en-ciel.

Mais il y a aussi sept notes de musique ! Alors, si je m'arrête sur le *do*, que va-t-il se passer ?

— Le *do* est en relation avec la confiance.

— Donc, si ma confiance a tendance à mollir, il suffirait que je prenne mon piano et que je fasse *do, do, do...* ?

— On pourrait parfaitement travailler avec le son de la note en difficulté, en associant la visualisation de la couleur et de son propre *chakra*. En réalité, le plus important est de faire bouger les notes dans leurs extrêmes, pour étendre sa liberté de vivre.

— Concrètement, comment parvenez-vous à résoudre les problèmes des gens ? Comment faites-vous pour aider une personne en vous branchant simplement sur elle, comme vous dites ?

— La personne en difficulté m'appelle au téléphone. Je ferme les yeux, la remplis de lumière blanche à distance, visionne ses racines. Instantanément, la personne va mieux. Enfin, dans les cas de problèmes bénins, évidemment ! Mais on peut aussi aller plus loin : matérialiser l'énergie à distance. J'ai fait l'expérience sur le pied de Hugo, mon mari. Il avait été victime d'un accident alors qu'on devait déménager. Comme par hasard, ce changement lui cassait les pieds et il s'est précisément tordu le pied ! Il m'a appelé au téléphone pour que je l'aide. J'ai alors visité ses *chakras* et, sereine, je suis partie en vacances avec ma fille et une amie. Le soir à l'hôtel, en m'endormant, j'ai rêvé que je lui plantais une seringue dans la cheville et que j'en retirais de l'eau. La semaine suivante, quand il nous a rejointes, j'ai ausculté sa blessure : il y avait une multitude de petites croûtes. C'est bizarre, m'annonce-t-il devant mon étonnement, un soir pendant que je regardais la télévision tout en te parlant au téléphone, de l'eau s'est mise à suinter de mon pied ! »

Bien sûr, pareille anecdote ferait s'esclaffer n'importe qui. Cependant, la gentillesse et surtout la probité de Marie-

Christine Reculard impose le respect. Et puis, j'ai aussi à l'esprit le témoignage d'Hugues Aufray, au micro d'Europe 1.

« Suite au divorce de mes parents lorsque j'avais vingt-deux ans, mon frère, qui s'était toujours occupé de moi et que je considérais comme mon deuxième père mais aussi comme l'ami indispensable, m'a proposé d'émigrer avec lui au Canada. Hélas, marié, j'ai dû décliner son offre. Là-bas, mon frère a raté son intégration, ce qui l'a poussé au suicide. La nouvelle a été un tel choc pour moi que je me suis effondré et suis resté, pendant plusieurs semaines, incapable de parler, cordes vocales paralysées. Pour un chanteur chargé de famille et qui court le cachet, imaginez les conséquences. Par chance, j'ai rencontré Mme Sandra qui enseignait le chant et insistait sur l'importance de la respiration. Elle m'a appris que la voix partait de l'expiration. Inspirer, c'est se remplir de l'oxygène qui donne la force, la dynamique et l'énergie pour agir. Grâce à cette femme, j'ai pu retrouver ma voix alors que les médecins avaient été impuissants à la guérir. Mon timbre voilé est la trace de cet épisode. Je lui dois mon succès et, à travers lui, le public a senti que j'avais surmonté un drame majeur. Cette voix meurtrie le touchait au plus profond, lui inoculait l'espoir, le transcendait pour surmonter les obstacles de sa vie. »

Ce témoignage d'Hugues Aufray et mon expérience avec Marie-Christine Reculard sont irrecevables pour notre culture occidentale. Mais comment occulter que d'autres traditions à travers le monde ont une vision différente de l'univers ? Au nom de la science, nous ne pouvons mépriser cette large fraction de l'humanité. Pour être objectif, je dois reconnaître que, dans les jours qui ont suivi, j'ai bénéficié d'un réel regain d'énergie et que cette séance m'a permis de mieux comprendre la relation chaotique que j'ai entretenue avec mon père.

Reste que pour tirer un véritable éclairage de ce concept culturel qui m'est complètement étranger, il aurait fallu m'y préparer plus sérieusement. Je n'aurai donc pas l'outrecuidance de jauger cette séance dans sa globalité.

9

Le reiki

« Vous avez le don de guérisseur! » m'avait affirmé Luce Grimaud, lors de l'expérience de voyance avec les boules de cristal.

Il est temps de vérifier ces assertions ou, tout au moins, d'apprendre à activer ce don grâce au *reiki*, méthode orientale dont le fondement est de permettre, à tout un chacun, de développer les forces magnétiques qu'il possède.

Le mot *reiki* a été créé vers 1870 par un prêtre et médecin japonais : Mikao Usui. Sa vie avait changé brusquement le jour où l'un de ses étudiants de l'école chrétienne de Kyoto, où il enseignait, lui avait posé une question précise à propos des guérisons miraculeuses de Jésus-Christ : « Comment croyez-vous que Jésus guérissait ? En imposant les mains, certes, mais quel phénomène mettait-il en mouvement, d'abord en lui-même et ensuite chez celui qui recevait ce don ? » N'ayant pas de réponse pertinente, Mikao Usui avait rétorqué : « Je vais partir, dès aujourd'hui, chercher la réponse à cette question. Lorsque j'aurai trouvé, je reviendrai et je vous montrerai. » Il démissionne immédiatement de son poste et se met à lire les Évangiles pour découvrir les techniques de guérison de Jésus. Il consulte aussi les *sutras*, ces textes sacrés du brahmanisme et du bouddhisme. Un jour, enfin, sur l'un de ces manuscrits traduits du sanscrit en japonais, il découvre la description de la méthode de guérison manuelle de Bouddha.

En bon Japonais rigoureux et animé d'une forte spiritualité, il rassemble toutes les informations qu'il a glanées depuis des années et part immédiatement sur le mont Kurayama pour une retraite de vingt et un jours. Au programme :

jeûne et méditation. Le dernier jour, il sombre dans une sorte de coma au cours duquel il affirme voir les couleurs de l'arc-en-ciel illuminer son cerveau et l'inscription en lettres d'or des mots « rei » et « ki » dont l'association signifie « énergie universelle de vie ». Puis, il entend : « Rappelle-toi ! Rappelle-toi ! Rappelle-toi ! »

Estimant sa quête achevée, il décide de repartir pour Kyoto. Sur le chemin du retour, il tombe dans une crevasse et se blesse au pied. Dans un geste naturel, il pose sa main sur la plaie comme le faisaient Jésus-Christ et Bouddha, ce qui a pour effet de calmer instantanément la douleur. Il reprend sa route puis s'arrête dans une auberge pour manger. Deuxième épreuve : la serveuse souffre d'une rage de dents ! Mikao Usui pratique le même geste d'imposition des mains, ce qui fait dégonfler la joue de la jeune fille ! Enfin, il arrive au monastère zen pour se reposer. Là, ultime épreuve : le père abbé, maître des lieux, est cloué au lit par une crise de sciatique aiguë.

Mikao place les mains sur le bas du dos de l'ecclésiastique, lequel, séance tenante, retrouve la verdeur de ses vingt ans.

Voilà qui convainc Usui d'avoir acquis le don de guérison, grâce à l'énergie universelle de vie, le *reiki* !

Il décide alors d'initier des adeptes à la technique et leur enseigne d'agir sur les sept *chakras,* déjà évoqués avec Marie-Christine Reculard. Avec le *reiki,* il suffit d'imposer les mains sur ces centres d'énergie vitale universelle qui, pour Mikao Usui, se déclinent comme suit : le *chakra* crânien *sahasrava,* situé sur le sommet du crâne, concerne l'activité spirituelle et pour la tradition hindouiste, à sa mort, l'âme de l'individu s'échappe par ce *chakra.*

Le *chakra* frontal *(ajna)* se trouve entre les deux yeux et concerne le système nerveux réflexe. C'est le fameux « troisième œil » des lamas tibétains, siège des perceptions extrasensorielles.

Le *chakra* de la gorge *(vishudda),* placé devant les vertèbres cervicales au niveau du pharynx et de la thyroïde, est relatif à la connaissance.

Le *chakra* du cœur *(anahata)* est le siège de l'être spirituel et agit sur le système vasculaire.

Le *chakra* ombilical *(manipura)*, appelé « plexus solaire » en Occident, est le siège de l'énergie vitale.

Le *chakra* du sexe *(swadhistana)* concerne la reproduction.

Enfin, le *chakra* racine *(maladhara)*, entre le sexe et l'anus, exprime la résistance à la mort.

Pour Mikao Usui, fidèle à la Tradition, l'énergie de vie pénètre le corps humain par les *chakras* et lorsque tous les centres énergétiques sont équilibrés, ils vibrent à l'unisson, corps physique et énergies subtiles en parfaite harmonie. Malheureusement, cet état idéal est souvent altéré par les contrariétés de l'existence. Il est donc nécessaire de rééquilibrer régulièrement les *chakras*, à l'exception du crânien qui ne doit jamais être touché.

C'est Ronald Mary, ancien journaliste à *Médecines douces, Psychologies, Nouvelles Clés* et auteur du livre *Le Reiki vu par ses praticiens*[1], qui sera mon initiateur. Sa rencontre avec le *reiki* date d'un reportage qui lui fit rencontrer l'un des maîtres de cet art. Bien qu'ayant pris rendez-vous avec ce dernier, lorsqu'il se présente à son domicile Ronald Mary se croit éconduit mais, après un silence, son interlocuteur ajoute : « Plutôt que de parler du *reiki*, il vaut mieux que je vous initie. »

La séance bouleverse si fortement le journaliste que celui-ci décide de se consacrer à l'énergie universelle. Élève consciencieux et sans doute très doué, il devient rapidement lui-même un maître. Il faut préciser qu'il appliquait les cours sur un cobaye tout trouvé : sa femme !

« À l'époque, elle venait d'accoucher de notre troisième enfant et se retrouvait avec vingt-cinq kilos de trop. Chaque

1. Ronald MARY, *Le Reiki vu par ses praticiens*, Barret-le-Bas, Éditions Le Souffle d'or, 2002.

jour, pendant les trois premiers mois, je lui ai imposé les mains. Ma méthode devait permettre à ma femme de reconquérir son corps. Mes mains posées sur ses *chakras* la relaxaient et, profitant de cet état modifié de conscience qui permet de sortir du mental pour toucher le subconscient, je lui demandais de répéter mentalement : "Je pèse cinquante-cinq kilos : c'est le poids idéal pour mon corps ! Je pèse cinquante-cinq kilos : c'est le poids idéal pour mon corps ! Je pèse cinquante-cinq kilos..." Miracle de l'autosuggestion, activée par la réénergisation des *chakras* : en six mois, mon épouse avait retrouvé la sveltesse d'avant son accouchement. »

Pour moi, c'était la preuve que le *reiki* n'était pas une imposture et, si vous me permettez l'expression, que je me devais de « répandre la bonne parole ».

Ayant ouvert un cabinet, Ronald Mary, porté par la rumeur favorable, se retrouve rapidement saturé de clientèle. Il ne guérit pas toujours, mais ceux qui le consultent se libèrent des traumatismes qui entravent leur psyché et surtout bénéficient d'un regain moral. Comme cette femme qui, après l'avoir contacté pour un cancer du sein en traitement à l'hôpital, lui avoue après plusieurs séances sa profession de psychanalyste et lui dit que le *reiki* lui avait permis de surmonter l'ablation du sein. Une harmonisation mentale qui n'a pas surpris Ronald Mary : « Les cas de ce type sont nombreux, même si pour cette personne j'ignore encore quelles seront les conséquences à long terme. Ce dont je suis sûr, c'est que son âme sera, de toute façon, apaisée. »

Cette conversation, en préambule à mon initiation, se déroule dans une atmosphère très conviviale. Le bonhomme a du charisme et dégage une sympathie sincère, le tout auréolé d'un don authentique de conteur.

« Un jour, nous raconte-t-il, Sylvie, une amie âgée de vingt-cinq ans, m'appelle affolée : elle souhaite une séance de *reiki* sans tarder. Dès l'après-midi, elle se présente avec son mari. Tandis que ce dernier reste dans la salle d'attente, je m'occupe d'elle. Son état de fatigue m'oblige à une longue réénergétisation de ses *chakras*. Quand je passe à celui du cœur, j'ai une illumination... L'image de l'époux, en attente de l'autre côté du mur, s'impose à mon esprit. En même temps me vient l'intuition que ce couple n'est pas fait pour vivre ensemble, qu'il va exploser! L'évidence est telle que je m'entends dire à mon amie : "Vis ce que tu as à vivre avec ce garçon, mais ce n'est sûrement pas l'homme de ta vie!" L'allégation lui est intolérable. Elle se fâche et s'éclipse, vexée. Trois mois plus tard, j'apprends leur séparation! Le plus étonnant, c'est que Sylvie est persuadée que je suis responsable de leur divorce!

— Ronald, avec moi, tu ne risques rien, je suis déjà divorcé! Ça t'arrive souvent ce genre de prémonition? Nous ne sommes plus dans la guérison, là!

— Oui, j'ai parfois ce type de perception. Il n'y a rien d'étonnant. Je t'ai dit que le *reiki* est la force universelle de vie. C'est donc aussi l'harmonisation avec le cosmos et, pour les Orientaux, un lien subtil qui unit tous les éléments de l'univers.

— S'inscrire dans le grand tout, être en communication vibratoire avec la nature et les êtres : programme séduisant. Nous l'appliquons ? »

Ma première séance de reiki

Allongé sur le sol, les yeux fermés, j'entends Ronald Mary, à genoux près de moi, me demander d'effectuer une série de respirations profondes. Puis il pose ses mains sur mon torse nu... Je n'en reviens pas, sous ses paumes, la peau me chauffe.

« C'est aussi intense que si tu avais passé un gant sous un robinet d'eau chaude. C'est invraisemblable, cette chaleur !

— Quand je pratique le *reiki*, instantanément j'ai une montée en température dans les mains. Ce n'est pas de la simple énergie : celle-ci a une qualité supérieure.

— Celle d'un magnétiseur.

— Oui, notre travail est assez proche de celui du guérisseur de campagne, qui a reçu le don du ciel ou de sa grand-mère. À la seule différence que, lui, donne sa propre énergie et finit, par conséquent, entièrement épuisé à la fin de la séance. Il se charge des cochonneries de l'autre et a besoin de pratiquer ensuite un rituel de dégagement. Avec le *reiki*, je ne donne pas ma propre énergie, je transmets une énergie que je capte ailleurs : je suis un canal. J'ai l'habitude de dire aux gens qui viennent me voir pour la première fois que je ne suis qu'un robinet et qu'ils viennent s'y abreuver. À la fin, si la personne veut remercier quelqu'un, c'est à l'eau qu'il faut rendre grâce, pas au robinet. En *reiki*, l'eau, c'est l'énergie.

— Où captes-tu cette énergie ?

— Je n'en sais rien. Je rappelle que le mot *reiki* signifie "énergie universelle de vie", expression résumant bien que la vie est une vibration qui habite toute matière vivante, mais aussi le cosmos. L'énergie du *reiki* est comme aspirée par le corps du receveur. Elle passe par le canal ouvert lors des initiations chez le donneur. Ce canal permet à l'énergie de s'écouler. Elle irrigue d'abord le corps du donneur puis celui du receveur, sans que les énergies personnelles de chacun d'entre eux ne soient en contact à un moment ou à un autre. Chez le receveur, le *reiki* se dirige vers les zones qui doivent être traitées, alors que le donneur reste sans intention, calme et serein. Il capte la quantité d'énergie nécessaire au soin. Tête vide, il est à l'écoute de son corps et de ses intuitions. Parfois, donneur et receveur ressentent des fourmillements, l'envie de bâiller, de tousser, de rire... Toutes ces manifestations indiquent que les mains du donneur touchent une zone perturbée chez le receveur. Le donneur garde sa position aussi longtemps que son ressenti le lui demande et jusqu'à ce que le receveur ait retrouvé détente et sérénité. Avant de commencer, dis-moi si tu as mal quelque part.

— Non. Je suis en pleine forme.

— Alors, retourne-toi, s'il te plaît, pour que je puisse travailler sur ton dos. »

Je m'exécute, menton sur le tapis.

« Pour débuter, je prends juste contact avec l'ensemble de ton corps. Tout est très subtil, c'est pourquoi les dérives sont possibles.

— La force du *reiki* peut-elle être utilisée pour influencer un esprit faible ? On dit que certains groupes de travail sont de véritables sectes.

— C'est une idiotie. On ne peut soumettre que des personnes qui ont envie de l'être, des gens qui attendent des autres une recette ou qui sont en état de soumission potentielle. Voilà pourquoi, au début de mon livre, j'ai tenu à mettre en garde les lecteurs contre les gourous indélicats. Je ne te trouve pas assez détendu. Est-ce que tu dors de cette façon, sur le menton ?

— Non : je ne pose pas le nez sur la couverture, je mets ma tête sur le côté.

— Alors, fais pareil. Voilà, c'est mieux ainsi. Tu vas te détendre parfaitement ! »

Il pose sa main droite sur le bas de mon dos, sa main gauche sur ma nuque.

« Tes mains sont vraiment chaudes !

— En réalité, elles donnent l'impression d'être chaudes, dans la mesure où ton corps accepte ce principe. En revanche, si tu es bloqué ou que tu penses que c'est idiot, tu ne sentiras aucune chaleur.

— La méthode relève alors de l'autohypnose. Les travaux du professeur Charcot à l'hôpital de la Salpêtrière ont montré qu'un patient, à qui l'on demande de placer sa main au-dessus de la flamme d'une bougie après lui avoir suggéré qu'il ne serait pas brûlé, non seulement ne ressent rien mais son épiderme reste inattaqué.

— Oui, mais là c'est de l'autosuggestion.

— Ça montre quand même la prééminence de la pensée sur la matière.

— En *reiki,* il suffit juste d'avoir l'esprit disponible. Ainsi, je me souviens d'un ingénieur particulièrement incrédule, venu à moi par curiosité. Il a joué le jeu en étant simplement ouvert pour la séance d'initiation. Aujourd'hui, il soigne sa femme alors que sur lui, apparemment, cela ne fonctionne pas. Ce qui prouve l'influence de la pensée pour qu'une personne soit bénéficiaire d'un acte. Mais dans le cas du *reiki*, l'effet du scepticisme s'arrête là. La preuve, c'est que mon ingénieur obtient des résultats sur son épouse, alors qu'il ne croit pas à la méthode !

— Permets-moi d'insister : le cas de ton ingénieur prouve l'action du mental.

— Pas du tout. Le *reiki* est certes une psychothérapie, mais c'est surtout un formidable chemin de vie. Cet homme a fait le choix de vouloir toujours tout contrôler. Aujourd'hui, il a acquis l'outil *reiki* et, inconsciemment, il sait très bien s'en servir sur les autres, tout en refusant de l'utiliser sur lui-même, car il redoute de déstabiliser son système de pensée. En même temps, l'énergie du *reiki*, à son insu, fait son œuvre.

— Comment peux-tu l'affirmer aussi nettement ?

— Quand tu poses tes mains sur quelqu'un, *reiki* ou pas, tu sens l'autre. Comme l'on dit souvent, en parlant d'un individu : "Je le sens ou je ne le sens pas." Le *reiki* appartient à ce ressenti : il y a même des images qui surgissent parfois et qui font partie de l'histoire de l'autre. Tiens, un autre exemple. Un jour, je posai mes mains sur une dame, lorsqu'une phrase a résonné spontanément dans mon cerveau : "Tu as le droit d'être aimée." Surpris, je répète à ma patiente ce que j'ai entendu. Celle-ci éclate en sanglots ! Une fois calmée, elle m'explique que sa grand-mère, sur son lit de mort, lui a dit : "Ma petite fille, tu as le droit d'être aimée comme tout le monde." Or, dès que cette dame est entrée dans mon cabinet, j'ai senti qu'elle se protégeait exagérément des autres !

— Comment expliques-tu ce phénomène ?

— Très simplement. Le *reiki* m'avait placé en résonance très forte en elle. L'énergie *reiki* est toujours positive, et l'on ne peut pas la contrôler. Ce positif peut d'ailleurs n'apparaître que bien plus tard.

— C'est-à-dire ?

— Par exemple, six mois après avoir été initié au *reiki*, j'ai divorcé ! Pour moi, c'était positif car, par la suite, j'ai vécu des événements fabuleux que je n'aurais jamais connus si j'étais resté marié. Même chose pour ma femme. J'ai constaté que tout ce qui est de l'ordre du *reiki* est toujours juste et centré par rapport à l'individu.

— Que ressens-tu quand tu appliques le *reiki* ?

— C'est comme si mes mains étaient des aimants dont on aurait inversé les polarités pour créer un champ magnétique.

— Quelles sont tes sensations ?

— Je ressens d'abord de la chaleur. Puis, il me faut trouver la limite entre le champ énergétique du patient et le mien. Pour cela, je rapproche ma main de son corps, en travaillant plutôt avec le dos qu'avec la paume. Quand la personne n'est pas bien, je sens la limite de ce champ tout près de son visage.

— Et dans mon cas, où est-il ?

— Au-dessus de ta tête, signe que tu es en forme.

— Je te l'avais dit !

— Je te propose maintenant de ne plus parler pendant quelques instants. Ferme les yeux et pense à un univers apaisant et agréable. Organise-toi un cinéma intérieur, de façon à ce que tu sois le plus calme possible. En général, je suggère aux patients d'imaginer une colonne de lumière blanche, en provenance de l'espace et pénétrant par la fontanelle du crâne. Je leur dis de ressentir cette lumière, qui les illumine et les charge en énergie.

— L'image qui me vient est celle d'un lagon.

— Parfait. Vis ce lagon. Au-dessus de toi, la lumière te nourrit, telle une douche énergétique et remplit ton corps d'un fluide blanc, symbole de pureté. Ce fluide va, tout à la fois, te régénérer, te purifier et te dégager. Garde les yeux bien clos ! Que ressens-tu ?

— L'image du lagon n'évoque pas spécialement, chez moi, une image paradisiaque : elle m'est venue tout naturellement.

— Sans raisons particulières ?

— Pour être honnête, je suis en train d'écrire un roman intitulé *Divines débauches*, dans lequel j'évoque une étonnante tradition des habitants d'une île du Pacifique : la femme qui va enfanter s'offre à l'océan qu'elle considère comme le véritable père de l'enfant. Voilà peut-être la raison de l'apparition spontanée du lagon. J'ai tout de suite ressenti cette intense lumière solaire, apportant avec elle des désirs très positifs et diffusant de l'amour bien au-delà des envies personnelles. Le lagon symbolise l'amour avec une femme. Mais nous ne sommes pas seuls, elle et moi. Je ressens un échange vaporeux avec d'autres personnes, des indigènes qui nous rejoignent dans cette grande messe des sens. J'ai l'impression d'être un soleil orange, une boule d'énergie. D'ailleurs, je ne reçois plus l'énergie, c'est moi qui la transmets ! »

J'ai effectivement la sensation que mes mains rayonnent un champ magnétique.

Mon initiation au Premier Degré

La séance terminée, Ronald me propose d'enchaîner en m'initiant au Premier des trois degrés du *reiki*. Ce degré est consacré à l'étude des positions des mains dans le but d'une action sur soi ou sur autrui.

Le Deuxième Degré, accessible trois mois minimum après le Premier, est consacré à l'étude et à l'utilisation des trois symboles du *reiki*, considérés comme sacrés.

Enfin, le Troisième, trois ans maximum après le Premier Degré, est un véritable apprentissage doublé d'un lien à vie avec le maître initiateur. Il s'accompagne d'un versement de dix mille dollars ! exprimant l'engagement de l'élève ! Lequel, après cette maîtrise, a le droit d'enseigner à son tour.

Toujours allongé, Ronald Mary à mes côtés, je m'ouvre à l'énergie universelle.

« Tu vas sentir tes *chakras* s'ouvrir, m'assure Ronald Mary. Je t'avertis que la cérémonie est toujours bouleversante. Je suis le donneur, tu es le receveur. Ferme les yeux. Je te décris au fur et à mesure mes gestes. Je croise mes bras sur ta poitrine, mains à plat sur ton cœur. Je les laisse quelques secondes. Je suis à l'écoute de ton corps subtil. Maintenant que je le sens prêt et qu'il est en communication avec moi, je passe trois fois mes mains à quelques centimètres au-dessus de ton corps physique. »

La voix de Ronald résonne dans ma tête comme un écho. Je me sens très détendu, l'esprit libre. Il est vrai que je fais l'effort d'imaginer sur mes paupières le rayonnement d'une lumière. Dans cet état, suis-je sujet à la suggestion ? Toujours est-il que j'ai l'impression qu'une source de chaleur accompagne le parcours des mains que décrit Ronald.

« Dans le protocole du *reiki*, il est dit que le donneur prend contact avec l'énergie du receveur. Dans la pratique, est-ce que tu perçois de la chaleur ?

— Oui, oui !

— C'est le signe que l'énergie passe. »

C'est net, tiède comme une tasse de café servie depuis quelques minutes. Je sens ses mains passer de ma tête aux omoplates où elles se figent. Il maintient ainsi chaque pause trois minutes.

« Passons à la deuxième position. Je glisse une main lentement sous ta nuque et l'autre sous l'occiput, en maintenant fermement ta tête. Chacune va se diriger, tout en restant au contact de ton crâne, vers tes oreilles. Là, je les laisse à nouveau trois minutes. Reste bien détendu. Projette-toi ailleurs, en dehors du monde quotidien. »

Mon cinéma intérieur me projette des images de reportages télévisés sur la conquête de l'espace. Je me vois en suspension dans l'éther. La Terre, sur ma gauche, m'apparaît lointaine et lumineuse. Plus haut, le brûlot solaire. À droite, l'espace sidéral.

Ronald reprend ses gestes, ses mains atteignent mes tempes et s'y arrêtent longuement. Elles se posent ensuite sur mes yeux, ma gorge. Je sens la chaleur sur la pomme d'Adam. Ma tête reste aux étoiles.

« Je me déplace pour poser mes mains

sur ton torse, de manière que chacune recouvre un sein pendant trois minutes. »

L'opération se poursuit ainsi lentement avec des étapes sur le sternum, le nombril, le pubis, le haut des cuisses, les genoux, les chevilles et la plante des pieds.

Mon demi-sommeil se prolonge et un véritable flux magnétique parcourt tout mon être. Dans mon état d'apesanteur, la voix de Ronald perce une fois encore.

« Je te retourne sur le ventre, pour que mes mains, de trois minutes en trois minutes, aillent de tes omoplates au milieu de ton dos, au creux de tes reins, en haut de tes fesses, derrière tes cuisses, dans le pli de tes genoux, sur les tendons de tes chevilles et enfin sur la plante de tes pieds.

— À quoi penses-tu pendant tout ça ?

— Je fais le vide yeux grands ouverts.

— Y parviens-tu ?

— Ça m'est devenu naturel. »

Une demi-heure plus tard...

« Nous arrivons à la fin de la séance. Une initiation réussie se termine par ce que j'appelle la position idéale, la plus régénératrice, une véritable cascade d'énergie. Tu vas essayer de mettre ta main gauche sous la nuque et la main droite sous le périnée, c'est-à-dire entre le sexe et l'anus, et de rester comme cela, figé quelques instants. »

Me voici en train de me contorsionner et malgré la gym quotidienne qui me permet d'avoir une bonne souplesse, la posture demandée n'est pas aisée à atteindre et surtout à maintenir.

« Je ne vais pas rester longtemps comme ça !

— C'est bien ! Sache que ce *chakra,* situé entre le sexe et l'anus, est le *chakra* racine, nommé ainsi parce qu'il nous ancre dans la terre.

— Je dois maintenir cette position pendant trois minutes ?

— Absolument. Dans cette position, ceux qui atteignent la pleine harmonie s'endorment souvent. »

Au même moment, je m'écroule dans un éclat de rire : l'équilibre était vraiment trop difficile à maintenir. Nous nous retrouvons assis face à face sur le tapis.

« Tu te sens bien ?

— Ça va ! Je suis à la fois tout revigoré, prêt à bondir comme un gamin turbulent, et, d'un autre côté, le cerveau encore dans les brumes. J'ai quand même une question qui me vient. Dans cette logique de ramification du cosmos, que pouvons-nous attendre du *reiki* ?

— Nous pouvons changer le goût de l'eau quand celle-ci est trop chlorée ou encore faire diminuer le goût de tanin d'un vin trop jeune ou un peu âpre. Il suffit de mettre tes mains à un ou deux centimètres du verre. Trois minutes comme toujours. Et là, tu as la surprise de constater que le vin devient beaucoup plus rond en goût.

— Vous appellez cela "faire *reiki*" ?

— Oui : "faire *reiki*", "énergétiser" ou encore "reikiter", néologisme que je trouve nettement plus marrant ! »

Dans les jours qui suivent, je me sens particulièrement dynamique, plein d'énergie. J'aimerais bien vérifier que je peux, moi aussi, servir de canal et soulager les maux d'autrui. D'un autre côté, j'ai quelques réticences à proposer l'expérience à un tiers, même si en général je ne me préoccupe pas trop de l'opinion des autres. Je ne m'imagine pas me classer « guérisseur ». Et puis, comme souvent lorsqu'on hésite à s'investir, le hasard donne un coup de pouce. À Europe 1, dans le bureau paysager partagé avec Pierre Thivolet, Jean-Luc Petitrenaud, Thierry Lecamp, Jacky Gallois, Frédéric Mitterrand, une assistante, habituellement joyeuse, affiche une mine renfrognée. Étonné, je m'enquiers de ce qui la chagrine. La jeune femme m'avoue souffrir d'un terrible mal de tête.

« Ce n'est rien du tout ! lui dis-je goguenard. Je vais te faire passer ça ! Je possède le don de guérisseur...

— Je ne suis pas d'humeur à plaisanter. Laisse-moi s'il te plaît ! » me répond-elle boudeuse.

J'insiste, sur un ton ferme et sérieux, me place derrière son fauteuil et, derechef, pose mes mains sur son crâne, mes majeurs au contact.

« Laisse-toi faire. Ne pense à rien. Respire profondément... »

Je ferme les yeux, m'efforce de ne penser à rien en fixant mon attention sur mes paumes.

Au bout de quelques secondes, ma « patiente » murmure : « Ça me fait du bien ! Je me détends ! C'est vraiment agréable !

— Chut ! Ne dis rien. Laisse agir. »

Cet encouragement est de principe. Je joue le jeu mais, très franchement, je ne sens aucun fluide s'échapper de mes doigts, ni même de chaleur au contact de ses cheveux. On reste ainsi – elle sur son fauteuil, moi derrière elle –, à peine trois minutes. Et alors que j'envisage de glisser mes mains sur ses yeux, puis de passer aux oreilles et au cou, mon cobaye se soustrait à mon imposition.

« Attends un peu ! Ce n'est pas fini ! »

Injonction inutile. L'assistante s'entête à vouloir reprendre son travail. Déçu, j'en conclus à la stérilité de mes capacités magnétiques. J'ai tort !

« C'est incroyable ! Je n'ai plus mal ! » lâche-t-elle en tournant la tête de droite à gauche puis en sens inverse, s'assurant ainsi que la douleur s'est envolée.

Bien sûr, je conclus à l'heureuse coïncidence. Mais, deux jours plus tard, j'obtiens un résultat identique avec une autre de mes collègues de bureau, victime de légers maux de dents.

Alors *reiki* ou pas ? Je n'en sais rien, je m'interdis de renouveler l'expérience par crainte de ne pouvoir distinguer croyance et réalité.

10
L'aura

« Dites donc ! Quelle énergie vous dégagez ! Qu'avez-vous fait récemment ? On dirait que vous avez été magnétisé ou que quelqu'un a pratiqué du *reiki* sur vous ! Votre aura est terriblement réactivée ! »

Les propos de Danièle Laurent, notre nouvelle interlocutrice, nous ébahissent Jacques et moi dès le début de l'expérience. Nous la rencontrons, en effet, vingt-quatre heures après notre initiation au *reiki*. Son commentaire, elle l'a lâché à la vue de la photo Polaroïd qu'elle vient de réaliser de moi. Sur cette photo bien particulière apparaît, de façon tangible, mon enveloppe énergétique : l'aura !

Mot mystérieux, l'aura signifie « souffle d'air » en latin. Elle est symboliquement représentée par l'auréole, un cercle doré placé autour de la tête de Jésus-Christ, de la Vierge et des saints. Cette luminescence, longtemps perçue seulement par quelques initiés, serait l'expression visuelle de notre âme ou de ce fameux corps astral que tous les livres d'occultisme évoquent.

Le début de la recherche scientifique concernant cette empreinte énergétique revient à un professeur de physique de l'université de Göttingen, en Basse-Saxe. Au lendemain d'une journée orageuse de 1760, Otto Lichtenberg constate, stupéfait, au pied d'un chêne frappé par la foudre, l'empreinte, exacte projection de la silhouette de l'arbre. Fasciné, il cherchera à reproduire, jusqu'à la fin de sa vie, cet effet dans son laboratoire. Sa démarche sera reprise ensuite par de nombreux chercheurs, dont le commandant Darget, dans les années 1860, qui bénéficie alors de l'invention révolutionnaire de son époque : la photographie. Son obsession : visualiser sur papier l'âme des animaux ! Cette quête de révélation de l'aura se solde par un nouvel échec.

L'effet Kirlian

Toutes ces entreprises stériles ne découragent pas les héritiers de Lichtenberg et Darget. Ces derniers multiplient les tentatives qui rivalisent d'imagination. Et c'est un électricien russe, Semione Kirlian, qui en 1939 décroche la palme. Alors qu'il effectue des études sur les appareils à haute fréquence, il remarque des efflorescences colorées autour de ses mains. Cette manifestation est furtive mais répétée. Pour Kirlian, aucun doute, l'effet n'est pas dû à son matériel mais émane de son corps. Il n'a plus qu'une idée : démontrer l'exactitude de son intuition. Et le voilà, frénétique, qui se met à photographier ses mains mais aussi des feuilles, des coquillages... C'est indubitable : il détient enfin la preuve que tout élément vivant rayonne un halo énergétique ! Il le baptise « effet Kirlian ».

En pleine guerre froide, les Soviétiques et les Américains ne limitent pas leur affrontement à une surenchère dans l'élaboration d'armes stratégiques ou dans la conquête de l'espace. Leurs services de renseignement, KGB et CIA, rivalisent d'audace. Dans leur ambition de domination réciproque, ils s'aventurent même dans le champ des expérimentations paranormales. Aussi, quand les agents de Moscou apprennent la découverte de Semione Kirlian, ils la récupèrent à leur compte et la développent avec des appareils utilisant des énergies considérables pouvant aller jusqu'à cinquante mille volts. Ces travaux, qui dureront des dizaines d'années, mettent en évidence les propriétés de ce qu'ils baptisent « corps énergie » ou « corps bioplasmique », et que nous appelons « aura » ou « corps éthérique ».

À la chute du Rideau de fer, les dossiers parvenus en Occident révèlent que les autorités médicales n'avaient pas hésité à utiliser l'effet Kirlian. Elles avaient même élaboré un système de diagnostic des pathologies à partir de l'observation des couleurs et de la forme de l'aura. Phénomène plus étrange encore, établi par ces recherches : une feuille d'arbre, une fois coupée, continue de rayonner comme si elle était encore dans son intégralité, phénomène appelé « effet fantôme ».

Le chercheur français indépendant Georges Hadjo estime, dans son ouvrage *Le Grand Livre de l'effet Kirlian* [1], que ces variations de luminescence reflètent ce que les Orientaux appellent le yin et yang, c'est-à-dire les énergies négatives et positives qui nous composent : « L'énergie yang, plus forte, provient d'une perturbation des électrons et peut, chez certains sujets, doubler voire tripler d'intensité. »

À la lumière de photos de Kirlian réalisées sur un large échantillon de malades, Georges Hadjo affirme : « Les bioluminescences observées mettent en

1. Georges HADJO, *Le Grand Livre de l'effet Kirlian*, Paris, Éditions Trajectoire, 1998.

évidence non seulement les signes de la guérison mais, fait encore plus invraisemblable, apparaissent sous d'autres couleurs avant que la pathologie ne soit décelée par radio ou par IRM. Cela montre clairement qu'avant d'atteindre le corps la maladie est programmée dans les champs d'énergie dans lesquels nous baignons. L'effet Kirlian devrait donc être utilisé dans un but de prévention. »

Dans son enquête sur les guérisseurs, menée avec sa consœur Françoise Simpère pour leur ouvrage *Le Guide des guérisseurs* [1], Jacques a noté que vingt pour cent environ de ceux-ci vérifient leur perception intuitive avec un appareil Kirlian. Ils prennent deux clichés : l'un pour établir l'état pathologique, l'autre pour évaluer l'équilibre psychique.

1. Jacques MANDORLA et Françoise SIMPÈRE, *Le Guide des guérisseurs et autres thérapeutes,* Paris, Éditions Philippe Lebaud, 2001.

Vision de l'aura sans appareil

Parmi ces magnétiseurs pionniers, citons Jean-Claude Secondé qui, dès l'adolescence, eut conscience de son don. Les résultats qu'il obtenait l'avaient d'abord dérangé – pas facile d'assumer une différence face aux copains à l'école – et, au fil du temps, il eut l'intime conviction de son devoir d'exercer ses dérangeantes capacités au bénéfice des autres. Tout naturellement, il s'installa comme guérisseur et, pour se prémunir des risques d'erreur, acquit un appareil Kirlian. Il s'en débarrassa suite à un accident de voiture où il vécut une expérience de mort imminente : « À la sortie de mon état de mort clinique, je me suis rendu compte qu'en posant les mains sur la tête de mes patients je voyais des taches de couleur jaune, bleue, verte, orange, rouge qui se déplaçaient comme les morceaux d'un puzzle autour du corps... Ainsi, j'ai constaté que la couleur verte dominait dans l'aura de tous ceux qui soignent, médecins, infirmières ou qui cherchent à nous débarrasser de nos traumatismes psychiques, comme les psychologues, les psychanalystes. Par ailleurs, chez les artistes, chanteurs, écrivains et même les médiums, c'est-à-dire chez toute personne dont l'activité repose sur l'inspiration ou l'intuition, l'aura est très étendue : elle déborde de vingt à trente centimètres autour de leur tête. Je la vois comme celle des saints sur les icônes. »

Pour confondre les sceptiques

La plupart des lecteurs jugeront crédibles les affirmations de Jean-Claude Secondé. Toutefois, si vous restez sceptiques ou si, quand vous les rapportez, vous passez pour un doux simplet, un illuminé, je vous propose de réaliser le test qu'un vieux guérisseur mystique nous a suggéré, lors de notre enquête.

Dans une pièce en plein jour, placez-vous dos à une fenêtre, debout près du mur opposé. Joignez vos mains comme pour une prière, en prenant soin de les laisser dans l'ombre de votre silhouette. Allongez vos bras. Demandez alors à quelqu'un de se placer à votre droite, paume tendue à la verticale face à vos doigts, sans les toucher. Vous aurez alors la stupéfaction de remarquer la projection d'un halo dont vous pourrez suivre le déplacement, par oscillation de vos mains jointes : « À force de concentration, nous avait affirmé le guérisseur, vous remarquerez des tourbillons de couleur blanche, avec des reflets jaunes, bleus, verts, orangés. Ce n'est pas un don. Cela vient directement de votre propre nature. C'est votre lumière personnelle. »

À la découverte de mon aura

L'expérimentation a lieu rue du faubourg Montmartre, à quelques encablures des célèbres Folies-Bergère. Nous ne sommes pas chez un particulier mais devant une vitrine qui n'a rien de clinquant : sur un tissu aux couleurs passées sont exposés quelques livres ésotériques, des jeux de tarots, des pendules, des cristaux...

Le lieu n'est pas engageant. Danièle Laurent n'est pas une commerçante : ici tout se passe dans l'arrière-boutique. Point de transaction à cacher mais c'est là que se niche un fauteuil aux bras particuliers, terminés par une plaque métallique en forme de main d'où affleurent des touches. Face à celui-ci, un énorme appareil photo posé sur un pied dont les formes et la dimension rappellent le temps où la tête des photographes disparaissait sous un large tissu noir : « Ne soyez pas inquiet ! Vous ne risquez rien, s'amuse Danièle. Ce n'est pas une chaise électrique ! Les petites touches à la place des doigts sont des "senseurs" qui servent à mesurer le champ électromagnétique du consultant ! Vous allez vous asseoir, le dos bien droit. Pour le premier cliché, je vous propose de ne penser à rien pendant trente secondes. Car, contrairement à une photo normale, le déclic n'est pas immédiat. Il faut laisser au papier le temps de s'imprégner de votre rayonnement. »

Je m'installe et respire profondément trois à quatre fois de suite pour libérer l'esprit de la ritournelle des pensées.

« Vous êtes prêt ? J'appuie ! »

Dissimulée par l'instrument, Danièle Laurent a les doigts rivés à une sorte de poire qu'elle maintient compressée. C'est Jacques qui note cette attitude. Moi, je regarde fixement l'objectif, concentré sur ma respiration.

« C'est bon ! Vous pouvez enlever vos mains.

— Déjà ? Ça n'a pas duré plus de quinze secondes !

— Non, c'était bien trente secondes. Le développement, lui, va être plus long : une minute et demie. Votre aura va vous révéler la qualité de votre champ magnétique. Selon les couleurs qui apparaîtront et selon leur densité, le diagnostic n'est pas le même.

— Existe-t-il une aura idéale ?

— Oui, c'est celle constituée par les

sept couleurs de l'arc-en-ciel, c'est-à-dire les sept plans visibles.

— Quel que soit le moment où vous prenez la photo de l'aura, celle-ci est-elle toujours la même ?

— Non, bien sûr ! C'est ça qui est intéressant : elle reflète ce que vous êtes à un moment donné. Prenons le rouge par exemple. Votre aura ne reste pas rouge toute votre vie. Ce serait le signe d'un stress trop important. »

Tout en parlant, je fixe la main de Danièle Laurent qui agite la photo comme pour en activer sa révélation sur le papier. Enfin, elle décolle le filtre protecteur. Ma curiosité est frustrée : Danièle se réserve l'observation du cliché !

« Voyez-vous les sept couleurs de l'arc-en-ciel ?

— Hélas, non ! Mais il y a quand même plusieurs couleurs.

— Dans l'étude de l'aura, vous n'observez que la couleur ?

— Non ! Non ! Nous regardons de nombreux autres paramètres : la luminosité des couleurs, la densité de l'énergie ainsi que la hauteur et la forme de l'aura.

— Qu'est-ce qui est le plus important ?

— En matière d'aura, le côté gauche est le côté féminin : il représente la force de la pensée intérieure. Le côté droit symbolise l'action, le côté social, la carrière professionnelle. En schématisant : à gauche, vous pensez et à droite, vous agissez. Je m'efforce toujours de savoir si les pensées de la personne vont s'accorder avec ses actions, ou bien si elles restent juste à l'état de pensées, sans déboucher sur l'action.

— Ne jouez pas avec mes nerfs, soyez gentille, dites-moi ce qu'il en est pour moi ! »

Elle pose la photo sur la table. J'apparais en plan américain, buste et tête. Ou plutôt je les devine. Ils sont en filigrane car un halo vert nappe mon visage, un jaune le torse et une tache blanche coiffe mon crâne tel un petit nuage accroché à une colline.

« Ça se présente bien ! Il y a un plan vert

magnétique et un plan jaune de rayonnement.

— Concrètement, ça signifie quoi ?

— Vous avez un charisme fort, éclatant, et vous vous situez toujours dans l'action.

— Tout à l'heure, vous disiez que l'idéal ce sont les sept couleurs de l'arc-en-ciel et là je n'en vois que deux : le vert et le jaune.

— N'oubliez pas le blanc. Dans la théorie des auras, c'est la couleur des guides, des anges gardiens, de l'énergie pure. Dites-moi, qu'avez-vous fait récemment ?

— Que voulez-vous dire ?

— Quelle énergie vous dégagez ! On dirait que vous avez été magnétisé ou que quelqu'un a pratiqué du *reiki* sur vous ! Votre aura est terriblement réactivée !

— Bravo ! Hier, avec Jacques, nous avons expérimenté le *reiki* pour notre enquête ! Comment avez-vous fait pour le savoir ?

— Pour moi, c'est évident ! Cette couleur blanche est le signe de l'énergie pure. Je vois même un peu de couleur mauve dans votre blanc.

— Et alors ?

— C'est l'expression d'une force de communication et de compréhension. Votre expérience de *reiki*, faite d'abord par curiosité, va vous apporter quelque chose de beaucoup plus important.

— Quoi ?

— Une renaissance, le passage d'un cycle à un autre.

— C'est la couleur blanche qui vous permet de tirer ces conclusions ?

— Oui. Dans une aura, le blanc représente toujours un grand bouleversement dans la vie de la personne. Quelque chose de fort.

— Un bouleversement positif ou négatif ?

— Positif ! Savez-vous que le *reiki* fait aussi remonter les problèmes rencontrés dans le passé ? C'est pourquoi, sur votre photo, il y a du marron, couleur du passé. »

Je me penche, regarde la photo, prêt à contredire mon interlocutrice. Jusqu'à présent, je n'ai vu que deux couleurs en dehors de ce blanc. J'écarquille les yeux :

effectivement, je vois une tache marron. Aussitôt, je rebondis.

« Dites m'en plus sur mon passé !

— J'aperçois des obstacles et des soucis. Non, le terme "soucis" n'est pas bien adapté. Je dirais plutôt un manque de reconnaissance par rapport à votre identité. Pour moi, rien de grave puisqu'un fort rayonnement existe derrière vous. Signe que vous avez dépassé tout ça. N'empêche que la séance de *reiki* d'hier a modifié votre aura, en y apportant beaucoup de vert. C'est très net.

— Mais encore ?

— Étudions votre côté droit, votre aspect masculin.

— Nous touchons au domaine de l'action, donc !

— Absolument ! Il est clair que vous entrez dans une période favorable aux initiatives. Je vois surtout un nouveau projet personnel, dans lequel vous aidez les autres. La séance de *reiki* va favoriser la venue d'idées très lumineuses !

— S'agit-il d'idées qui vont déboucher sur du concret ?

— Oui. Des idées totalement nouvelles. Liées à la communication, à l'enseignement, à l'éducation. Cette forte présence du vert exprime un rayonnement : vous allez apporter une aide et des conseils aux autres.

— Et sur le plan santé ?

— Je vois un peu de fatigue générale. Attention à une petite inflammation à l'estomac.

— Je me sens plutôt en pleine forme même si, je dois le reconnaître, il semblerait que j'aie quelques faiblesses du côté de l'estomac.

— Je crois que le *reiki* a bien agi sur vos *chakras*. En regardant bien, on aperçoit un point rouge. C'est le signe de l'action, mais aussi de la recherche de sécurité au niveau financier et familial. Ah, des choses bougent dans votre vie !

— C'est quoi, ces choses qui bougent ?

— Vous allez prendre une nouvelle direction.

— Encore ? Aujourd'hui, je suis à Europe 1 et je m'y sens bien : je n'ai pas envie d'en partir !

— Vous allez animer une autre émission.

— Ça m'étonnerait ! Celle que je présente actuellement marche très bien et je ne pense pas que mon patron ait envie que je change de thème.

— Vous verrez ! Revenons au côté gauche de votre corps, votre aspect féminin. La présence du vert implique un changement.

— Vous parlez d'une rencontre ?

— Exactement !

— Une possibilité de rencontre seraitelle en train de germer ?

— C'est plus que ça ! Le rouge indique une possibilité de relation physique !

— C'est comme si mon aura percevait une rencontre en train de se dessiner ?

— Parfaitement ! Ça ne vient pas forcément de vous, mais ça bouge : action, transformation, plaisirs sexuels, nouveaux projets. Dans notre jargon, on appelle cela une phase divine !

— L'annonce d'une période extrêmement prospère, donc !

— Oui. Mais aussi spirituelle.

— Spirituelle et sexuelle. C'est parfait, exactement mon credo de vie ! Ma vie sera-t-elle encore plus dense que l'année dernière ?

— Ni plus, ni moins. En revanche, des souvenirs de votre passé vont resurgir, comme si vous purifiiez votre corps de lumière. Plus vous serez dans le domaine spirituel, dans le domaine des anges, plus vous attirerez ces champs magnétiques. Votre initiation au *reiki* vous a placé, la couleur blanche le prouve, dans le plan spirituel.

— Mon aura se serait donc enrichie par rapport à celle de l'année dernière ?

— Absolument ! Il y a beaucoup de choses autour de vous qui bougent. Mais aussi des gens qui peuvent partir.

— Ah, non ! Il n'y a vraiment plus personne qui puisse partir !

— Pourtant, c'est inscrit. Je vois aussi une possibilité de relation avec l'au-delà !

— Vous voulez dire que je serais dans une sorte d'imprégnation divine très forte ?

— Je ne fais qu'interpréter la photo. Je

ne vous connais pas : je n'ai donc aucune raison de vous faire plaisir. Vous possédez tous les champs spirituels, visualisés par la couleur magnétique verte. Le vert symbolise l'archange Raphaël. Le jaune, l'archange saint Michel. Signes de rayonnement, de compassion, d'amour. Et puis, certaines couleurs rappellent le passé, amenant curieusement des situations à se répéter.

— Le marron ? Ce point marron sur mon visage ?

— Oui, le marron, couleur de l'irritation, de l'énervement.

— C'est fou ! On est parti de trois couleurs et on finit toujours par en découvrir de nouvelles !

— Nous sommes tous accaparés par les grandes tendances mais il y a aussi les petites nuances. En attendant, vous faites le ménage dans votre passé. Cela annonce des conflits, liés à l'argent, avec des personnes de votre entourage.

— Je ne dois rien à personne et personne ne me doit rien !

— Ne craignez rien. Vous êtes protégé

par des anges gardiens ! Je trouve cela à la fois adorable et mignon. Vous êtes dans le spirituel, mais vous doutez beaucoup trop.

— Ben oui !

— Et pourtant c'est là !

— Si vous le dites !

— Regardez ! Votre niveau d'énergie laisse présager une vie heureuse, pleine de liberté, sans possession, sans jalousie... Savez-vous qu'il se passe parfois de drôles de choses avec les photos d'aura !

— Comment ça ?

— Tenez : regardez cette photo ! »

Danièle Laurent me montre au mur un portrait grand format.

« Voici une femme qui est venue me voir après l'assassinat de sa fille. Les médias ont beaucoup parlé de ce fait divers. Dès que cette dame est entrée dans mon cabinet, j'ai ressenti la présence de sa fille dans la pièce. Cette mère souffrait doublement, de la disparition brutale de son enfant et du fait que, avant de mourir, celle-ci lui avait dit qu'elle ne l'aimait pas. C'est ce que traduisent parfaitement les couleurs !

— Cela prouverait que l'aura serait le reflet de notre état psychique ?

— Notre pensée dirige le corps et influence les événements de notre existence. Si vous la modifiez, vous changez votre rayonnement et projetez, à l'extérieur, une autre image de vous-même. C'est ainsi que vous transformez votre vie !

— En conclusion, pour en revenir à mon cas personnel, que dois-je faire ?

— Déjà, il faudrait dire deux mots sur les couleurs qui n'apparaissent pas.

— Il en manque beaucoup ?

— Surtout le rouge, c'est le signe que vous n'osez pas bouger. Une preuve d'immobilisme confirmée par la faiblesse de luminosité du vert, qui exprime votre rayonnement magnétique, et par l'absence totale de bleu, symbole de votre pensée. Tout cela signifie que vous êtes dans un réel dilemme. Dois-je agir ou pas ? En somme, vous ne vous décidez pas. Vous attendez que les événements le fassent pour vous. Cette indécision chronique peut vous être préjudiciable ! »

Sans vouloir offenser la charmante Danièle Laurent, comment ne pas contester sa conclusion ? Je n'ai pas besoin d'une plaidoirie : mon parcours professionnel, à lui tout seul, la contredit. Depuis que je suis tout petit je me suis heurté aux autorités. J'ai eu le bonheur d'oser quitter des positions bien établies et parfaitement rassurantes pour vivre mes rêves, rêves toujours inscrits dans la différence des autres. Que de démissions, de refus de promotions, de remises en cause de situations financières pourtant enviables ! Mon luxe : vivre en toute liberté, sans attaches, au risque de me retrouver sans rien.

Porté par ma passion de l'existence, je fonce, tranche, n'hésite jamais. C'est ce qui m'a amené à collaborer avec toutes les grandes radios et télévisions du Paysage audiovisuel français et aussi à écrire mes livres, sans aucune concession aux effets de mode.

S'il est un terme que j'ignore, c'est bien celui d'« indécision » ! Et les déstabilisations professionnelles que j'ai subies ont toujours été le fruit de mon sens de la décision ! Quant à la bienveillance des anges dont je bénéficierais selon le reflet blanc dans mon aura, je m'en réjouis, bien sûr, mais je suis obligé de remarquer qu'elle ne m'immunise pas contre les tracas et autres petites contrariétés de l'existence. En revanche, je note qu'elle s'affiche en contradiction par rapport à la grisaille des pôles de la boule de cristal, signe d'une nuisance maléfique.

11
Magnétisme et radiesthésie

Lors d'un voyage en Égypte, dans les années 1950, un quincaillier niçois du nom de Boris remarque dans des recoins de la pyramide de Kheops des cadavres de rats qui, étrangement, ont échappé à la putréfaction : de véritables momies !

L'énigme obsède le marchand. De retour en France, celui-ci dévore les livres sur la civilisation des pharaons. Les pyramides le passionnent comme les mystères de leur raison d'être, de leur forme et de leurs proportions. Pour lui, l'erreur est de les considérer comme de simples monuments. Il les intègre dans la mentalité du temps où le magique gouvernait les hommes. Une société dans laquelle tout est symbole, où les gouvernants quêtent les lumières du divin par l'intermédiaire des prêtres. De tels édifices ne peuvent être érigés au hasard et Boris cherche la marque du sacré qui justifierait un effet à l'origine de la momification des rats. Sa conclusion : tout se jouerait dans les proportions. Si l'hypothèse est exacte, la logique implique que la reproduction d'une pyramide à l'échelle du millième engendre un phénomène identique. Bricoleur, il réalise dans les moindres détails celle de Kheops avec, entre autres, la chambre du roi, pièce située à un tiers de hauteur en partant de la base et destinée à abriter la momie du pharaon. À cet endroit sur la maquette, il dépose une sardine bien fraîche achetée au marché. Il prend soin de l'orienter tête vers l'ouest comme la position du sarcophage dans le modèle réel.

Quelques jours plus tard, Boris exulte : la sardine est bien desséchée comme il l'avait imaginé.

Essais de momification

Mon manque d'adresse m'empêche de mener l'expérience à bien, mais heureusement Jacques, à défaut d'être un virtuose du marteau et du tournevis, est suffisamment habile pour confectionner, à partir de morceaux de contreplaqué, une réplique de Kheops. De bon matin, il fait un détour par la poissonnerie et étale sur la table trois superbes maquereaux bien frais.

« Voilà ! Tu peux jouer les Boris. Il suffit de placer l'un des poissons dans la chambre du roi. Le deuxième servira de témoin : nous le laisserons dans une assiette recouverte d'un film plastique, que tu placeras sur ton balcon pour éviter de te croire à Concarneau.

— Le troisième, c'est pour le petit déjeuner ?

— Ça pourrait, mais j'ai mieux à te proposer, tu vas tester ton magnétisme : deux fois par jour, pendant dix minutes, le matin et le soir, tu imposeras tes mains, doigts écartés et légèrement recourbés à trois ou quatre centimètres au-dessus du maquereau et nous noterons l'effet au fil des jours. »

Sans perdre de temps, j'effectue ma première passe magnétique. Comme je ne ressens rien au bout de mes doigts, ni picotements, ni montée de chaleur, je confesse mes craintes à Jacques quant à la réussite de l'opération.

« T'inquiète pas, ça marche tout seul ! »

Pas franchement convaincu mais bien disposé à aller jusqu'au bout, je pose l'assiette au-dessus du réfrigérateur. Quarante-huit heures plus tard, j'établis un premier bilan. Comme on pouvait s'y attendre, du balcon une odeur pestilentielle vient nous taquiner les narines : la puanteur est d'autant plus intense que nous sommes en plein été !

Pour éviter l'asphyxie et les plaintes des voisins, je suis obligé de jeter au vide-ordures le spécimen étalon en décomposition avancée !

Mais il est le seul à obéir aux règles de la putréfaction car, de la pyramide ou de l'assiette magnétisée ne s'échappe pas le moindre effluve : les deux poissons se dessèchent lentement mais sûrement, en voie visible de momification. Celle-ci s'affirme totalement au bout d'une semaine. Les deux maquereaux, qui pesaient quatre-vingts grammes au départ, sont secs, yeux solidifiés mais toujours transparents ! À la pesée, ils accusent l'un – celui dont je m'occupais – vingt-huit grammes, l'autre, sorti de la pyramide, trente grammes. Ils ont perdu dans l'affaire environ soixante pour cent de leur poids !

Que le lecteur sceptique qui nous fustige charlatans ne se contente pas du soulagement vipérin ! Aux outils, légitime râleur ! Comme Jacques, montre-toi bricoleur et juge par toi-même du pouvoir des forces irrationnelles ! En attendant ce passage à l'acte, sache que des scientifiques émérites, à la respectabilité mondiale parfaitement établie, ont authentifié le phénomène. Parmi eux, le professeur Yves Rocard, disparu en 1992, physicien nucléaire, père de la bombe atomique française et papa de l'ex-Premier ministre. Jacques qui, je vous le rappelle, a été son élève, l'avait interrogé sur le sujet : « Tout corps vivant contient de l'eau en grande quantité qui, elle-même, renferme du carbonate de chaux, avait justifié le professeur. Si on soumet ce corps au magnétisme des mains ou à un champ magnétique artificiel, l'eau va s'évaporer au fur et à mesure de l'expérience, le carbonate se transformant en bicarbonate et provoquant le durcissement constaté. »

Fasciné par le sujet, le professeur Rocard mit en péril sa réputation internationale pour l'étudier. Qu'un scientifique de son envergure s'intéresse à de pareilles sornettes le mettait au ban de la Faculté. Mais aux honneurs, le chercheur authentique préféra mener ses travaux iconoclastes. Il prouva ainsi que le corps humain, tout comme les pigeons voyageurs, les abeilles, les baleines, les dauphins, les chats..., contient de la magnétite, c'est-à-dire de minuscules cristaux d'aimants, nichés en huit points bien distincts : les arcades sourcilières, la nuque, les coudes, le bas du dos, les genoux, les talons, les gros orteils et les mains. Dans ces dernières, la concentration est si élevée qu'elle serait à l'origine du pouvoir de guérison des magnétiseurs.

« Tout a une explication, mon cher Mandorla, poursuit le professeur Rocard. Pour moi, la magnétite nous l'avons héritée des orages. En pleine nature, lorsqu'un éclair frappe le sol à une cinquantaine de mètres d'un individu, celui-ci est saturé magnétiquement ! Or, la surface terrestre reçoit plusieurs centaines d'éclairs par seconde. Et l'homme préhistorique a donc été un *homo magneticus.* »

Selon Rocard, les phénomènes du sourcier avec sa baguette ou les résultats du radiesthésiste avec son pendule ne sont pas affaires de sorciers, mais relèvent donc d'explications bien rationnelles.

Sourcier en action

Permettez-moi de vous raconter un fait de jeunesse. J'avais vingt ans lorsqu'un de mes amis, professeur de français à Paris, m'a demandé de l'accompagner dans le Var où il envisageait d'acquérir un terrain rocailleux. Pour lui, c'était là l'endroit idéal pour construire une résidence secondaire, ce qui avait fait se gausser les paysans : « Y a bien qu'un Parisien pour acheter un terrain par ici. Y a même pas d'eau ! »

Il est vrai qu'à l'époque le tout-à-l'égout n'existait pas. Pour autant, mon camarade ne voulait pas renoncer à son projet. Sur les conseils de son père, il prit rendez-vous avec un sourcier à la réputation bien établie.

Au petit matin, nous voilà tous les trois à arpenter la terre aride, juste bonne à être vendue à un Parisien ! À première vue, c'est sûr, les autochtones ont raison : l'arpent ne cache aucune masse liquide dans ses entrailles. On marche, marche. La baguette de coudrier reste désespérément relevée sous le nez du sourcier. Au bout d'une heure nous avons pratiquement quadrillé l'intégralité du terrain, lorsque soudain : Pschitt !, le bout de la baguette pique vers le sol : « C'est là !, lâche d'une voix sereine l'homme au don. Il se fige et interroge mentalement son bout de bois. Il y a un bon débit ! Il faudra creuser à dix ou quinze mètres ! »

Il avance de quelques pas, s'arrête de nouveau : « Croyez-moi, ça coule fort là-dessous ! C'est une très belle source souterraine, il va simplement falloir creuser ! »

Le sourcier marque l'endroit à l'aide d'une grosse pierre et, la semaine suivante, une société de forage, appelée à la rescousse, met au jour le précieux filon liquide. Vingt ans plus tard, la maison est là, dressée au milieu d'un potager verdoyant, légumes et fraises à disposition tout au long de l'année ! Preuve indubitable du succès du sourcier.

Nous posséderions tous des pouvoirs magnétiques. Bien évidemment, ils sont plus ou moins importants, selon chacun. Jacques qui tient du professeur Rocard la manière d'étalonner nos capacités en la matière, appelle cela « l'effet Moïse » !

« Moïse est considéré comme le premier radiesthésiste de l'humanité. On se souvient qu'en plein désert du Sinaï il sauva de la soif son peuple en faisant jaillir l'eau d'un rocher après l'avoir frappé deux fois de son bâton. Les sourciers choisirent tout naturellement le patriarche comme saint patron.

« Nous n'allons cependant pas prendre un bâton mais un pendule, me dit Jacques. J'ai préparé trois verres : l'un avec de l'eau pure, le deuxième avec un ajout de sel et le troisième avec du sucre. Pour qu'il n'y ait pas d'influence télépathique, je vais les recouvrir d'un linge puis je te demanderai de changer leur ordre, de sorte que j'ignorerai moi-même leur position. Après quoi, tu promèneras le pendule au-dessus de chacun !

— Et alors, ce n'est pas le sucre ou le sel qui va faire tourner le pendule ! »

Jacques m'explique :

« Tu vas tenir le pendule au-dessus de chaque verre et penser mentalement : "Contient-il l'eau pure ?", "Contient-il l'eau salée ?", "Contient-il l'eau sucrée ?". Le pendule doit se mettre à tourner. S'il entame une rotation dans le sens des aiguilles d'une montre, c'est que la réponse est positive. Si, au contraire, il tourne sur la gauche, elle est négative.

— Il faut que je lui donne une impulsion car il ne va pas tourner tout seul.

— Quand on n'a pas d'expérience, il vaut mieux effectivement l'aider. Tu lui imprimes un mouvement de balancier neutre, de telle sorte qu'il oscille face à toi et de lui-même, il s'inscrira ensuite dans une rotation à gauche ou à droite. »

Ma main est au-dessus d'un verre. Je pose la question dans ma tête : « Ce verre contient-il de l'eau sucrée ? » Voilà qu'il tourne dans le sens des aiguilles d'une montre ! Je suis tellement étonné que j'essaie de voir si ce n'est pas moi qui, sans le vouloir, imprime le mouvement. Apparemment non !

« Alors ?, m'interroge Jacques en soulevant la serviette.

— Pour moi, c'est le verre d'eau sucrée ! »

Jacques trempe son doigt, le porte à sa bouche.

« Exact ! Dis donc, il semblerait que tu aies le don ! Confirmons. »

Flatteur, le début de l'expérience, toujours valorisant de se trouver de nouvelles capacités ! Pour autant, une légère anxiété m'envahit à présent. Je porte le pendule au-dessus du deuxième verre. Contient-il de l'eau pure ? Le pendule repart sur la droite. La grimace de Jacques, lorsqu'il met son doigt à la bouche, me fait comprendre mon erreur.

« On ne devient pas pianiste dès la première touche sur le clavier, me réconforte-t-il. Il en est de même avec le pendule : il faut s'entraîner ! »

Pour clore ce chapitre, voici une nouvelle anecdote personnelle. Alors que nous travaillions sur cet ouvrage, je reçois un appel téléphonique d'une amie très inquiète pour sa santé. Elle a découvert une petite grosseur sur sa joue, près de l'oreille. Après radios, les médecins ont diagnostiqué une inflammation de la glande parotide droite. Je lui demande si elle a remarqué cette anomalie depuis longtemps. Elle répond par l'affirmative et me confie que, depuis trois mois, elle s'est autoprescrit un traitement homéopathique, hélas sans aucun effet, ce qui l'a poussée à consulter. La décision des médecins est sans appel : pour éviter tous risques de tumeur maligne, il faut opérer. L'intervention, qui aurait été immédiate si le chirurgien ne s'absentait pour un voyage en Chine, est reportée à six semaines.

La communication terminée, je rapporte la situation à Jacques.

« Je n'ose pas te proposer une expérience. Ce serait de faire traiter ton amie par Jean-Louis Crozier. C'est un excellent magnétiseur qui, comme son presque homonyme le Hollandais Croiset, réussit des prodiges dans la recherche des disparus mais obtient également des résultats étonnants sur certaines pathologies, en agissant à distance avec une photo. As-tu une photo de ton amie ?

— Oui !

— Si tu es d'accord, sans rien lui dire, on appelle Crozier.

— Que va-t-il faire ?

— Chaque matin, pendant dix minutes, il pose la photo sur son bureau, place sa main droite à un ou deux centimètres au-dessus d'elle et pense mentalement à soulager la personne souffrante.

— Et en combien de temps la magie opère-t-elle ?

— Difficile à déterminer mais avec de la chance, ça peut correspondre au délai avant qu'elle n'entre à l'hôpital Boucicaut où elle doit se trouver. »

Six semaines plus tard, j'accompagne mon amie. Dans la voiture, elle me confie : « C'est bizarre mais j'ai l'impression que la boule a diminué de volume ! » Ce que confirmera à l'auscultation le professeur. Éberlué, il tâte la joue, appelle l'infirmière, demande qu'elle lui apporte les radios témoignant de l'anomalie. Il scrute les documents, yeux exorbités. Ah, il n'en revient pas, palpe de nouveau la parotide.

« Je n'y comprends rien ! Plus la moindre grosseur ! D'autres à ma place opéreraient en prévention. Pour moi, ce serait un abus. Il faut savoir être raisonnable. Je préfère vous renvoyer chez vous. Nous suivrons l'évolution dans les semaines qui viennent. »

Lorsque, un mois après, j'apprends à mon amie l'initiative de Jacques auprès de Jean-Louis Crozier, celle-ci refuse l'idée que le magnétisme à distance ait eu une quelconque action sur sa guérison. Pour elle, c'est le traitement homéopathique entamé quelques mois plus tôt qui a fini par agir.

Alors ? Homéopathie ? Magnétisme à distance ? Seul élément indubitable : il n'y a pas eu d'opération !

12

La force du nom selon la Kabbale

L'un des personnages les plus brillants qu'il m'ait été donné de rencontrer est Marc-Alain Ouaknin. Intellectuel authentique et atypique, son pétillement d'esprit fascine : théologien, rabbin, professeur, écrivain, poète, peintre, Ouaknin est source intarissable de création. Et quelle faconde ! L'illustration de la force du verbe ! Sa vaste culture préserve des dogmes. Et même s'il revendique haut et fort sa confession judaïque, son humanisme en fait un fervent œcuméniste.

Un rendez-vous avec Marc-Alain Ouaknin est toujours un moment privilégié, riche d'enseignement. Ainsi, lors de la sortie de son livre *Les Mystères de la kabbale*[1], l'auteur a cherché à m'éclairer sur

1. Marc-Alain OUAKNIN, *Les Mystères de la kabbale*, Paris, Éditions Assouline, 2001.

les forces secrètes inscrites dans nos noms et prénoms. La subtilité de cette théorie, étayée par une personnalité aussi rayonnante, m'a conduit à retenir ce thème dans mon livre.

Je profite donc de l'un des passages de Marc-Alain à Paris dans son petit pied-à-terre, lieu dépouillé où le blanc domine, pour le rencontrer.

Le tête-à-tête se déroule sur de simples poufs.

« Le point primordial de mon travail, c'est l'analyse du prénom car il détient le secret du projet de vie. Attention, le prénom ne traduit pas une réalité mais il oriente la réalité : c'est complètement différent. Il est le miroir de la profondeur de l'être. Les lettres qui le composent sont vibratoires, c'est pourquoi elles agissent sur notre personnalité.

— Tous les Marc auraient-ils donc la même destinée potentielle ?

— Non, bien sûr. Le prénom donne une orientation mais « interagit » avec le nom de famille, le prénom des parents et celui des enfants. Il se crée une constellation de significations autour d'un prénom, à l'intérieur de la chaîne généalogique. Sinon, Marc Menant et Marc Ouaknin seraient jumeaux vibratoires. Pour bien comprendre, décomposons votre prénom Marc, lettre par lettre, avec la symbolique de chacune. »

Le décryptage de mon prénom

« M, c'est l'eau ; A, l'énergie ; R, la tête et le commencement ; C, le chameau. Le M représente parfaitement l'onde, les vagues. Cette lettre relève donc du mouvement, elle entraîne au loin. À l'université, dans le département que j'ai créé et où j'enseigne l'archéographie, je dis que le M est métaphysique fluviale. Toute personne dont le prénom commence par cette lettre est comme portée par un souffle d'énergie, le matin au réveil. Elle se dresse dynamique. Ça vous correspond ?

— Oui. Non seulement je jaillis du lit,

mais j'enchaîne par quarante minutes de gymnastique.

— Vous voyez ! Ce n'est pas un hasard si le mot "marche" commence par un M. Marcher, c'est se conformer à la dynamique fluviale. Et le prénom Marc est d'autant plus dans cet élan qu'il forme la racine du mot marche. Maintenant, observons les façons de nous inscrire dans le mouvement. Il y en a deux : soit nous sommes portés par l'onde, soit nous sommes nous-mêmes l'onde et nous portons les autres. L'individu marqué par le M est donc toujours en marche et ne peut pas être statique : il est toujours dans l'invention, dans la création. La deuxième lettre de votre prénom, le A, va renforcer cette première interprétation.

— Cette deuxième lettre pourrait-elle éventuellement freiner la dynamique du M, autrement dit : y a-t-il des lettres dont les forces s'opposent ?

— Les lettres se renforcent ou se contrarient mais, d'une manière générale, l'ensemble du prénom est toujours positif, c'est-à-dire qu'il n'y a pas de prénom négatif. Dans sa forme originelle, la lettre A, première lettre de l'alphabet, était le taureau. Donc la force, l'énergie ! Le A amplifie la force inventive du M, métaphore de l'énergie. Rappelons que le mot "métaphore" vient du grec *phoros*, porté, et de *meta*, au-delà. Passons à la troisième lettre de votre prénom : le R. Cette lettre renforce encore le souffle. Celui qui possède un R cherche toujours à participer aux nouveaux courants.

— C'est donc un novateur.

— Oui, dans le domaine des idées. Dans le cas de Marc, le R est porté par l'énergie du M et du A et pousse la personne à bouleverser les pensées établies. Elle ressent aussi le besoin d'entraîner les autres.

— C'est donc aussi un initiateur.

— Un pionnier. MAR c'est le pionnier qui permet de porter l'énergie au-delà de lui-même d'un point à un autre. Le revers de la médaille, c'est qu'il y a deux sortes de novateurs : d'un côté les humbles, de l'autre ceux qui ont trop conscience de leur originalité et tombent dans le narcissisme. Étant donné que R signifie "être à la tête", cette lettre porte à l'extraversion et au prosélytisme. Passons maintenant à l'action du C dans Marc. Cette lettre a exactement la même fonction que le M. Seul son support diffère. Le C, à l'origine, c'est la bosse du chameau. Symboliquement, cela signifie avoir suffisamment de provisions pour aller très loin. C'est donc savoir prévoir. Pour plagier Nietzsche, je dirais que c'est un animal capable de promesses. De quelles promesses ? De celles de se réaliser dans le futur.

— Donc il y a un but à atteindre.

— Atteindre la lucidité et la prévoyance. La personne sait, avant de se lancer dans un voyage, réunir des éléments apparemment inutiles mais qui lui serviront beaucoup plus tard, en chemin, quand elle sera démunie. C'est cette capacité d'anticipation qui lui permettra de traverser le désert. Nous avons décodé les quatre lettres du prénom Marc : c'est ce que j'appelle l'analyse archéographique première de Marc. Il n'y a donc pas de différence entre Marc Menant, Marc Ouaknin, Marc Oliver ou d'autres Marc. Le deuxième moment de l'analyse archéographique, c'est la réaction de l'analysant, en l'occurrence vous, à cette première analyse.

— Ce que je viens d'entendre est déjà très étonnant et je vous concède bien m'y reconnaître. Je me sens porté depuis toujours par une phénoménale énergie, à l'affût d'une nouvelle expérience, d'une découverte, avec une curiosité insatiable ! La symbolique du M me satisfait et m'inquiète à la fois. J'ai tiqué quand vous m'avez affirmé que le M entraîne au loin, ce qui sous-entendait se comporter comme un "bougeteux", c'est-à-dire quelqu'un avançant sans objectif, emporté par une frénésie irrépressible. Le A m'a rassuré car il structure le M, lui évite de gaspiller son énergie. Quant au R et sa métaphore de courants nouveaux, je m'y retrouve. Depuis que je suis gamin, lois, règles, autorités m'insupportent. J'ai toute une théorie sur les forces de l'intelligence que je fais passer dans les personnages de mes romans. Comme quoi, je cherche à être compris des autres.

— C'est la notion du partage.

— C'est exactement ça.

— C'est donc le côté positif du R qui vous influence. Vous n'êtes pas dans un petit ego narcissique.

— Du moins, je l'espère, même si j'ai besoin de sentir que l'on me trouve sympathique.

— C'est ce qui vous rend disponible aux autres.

— Comme quoi, il faut malgré tout un minimum de narcissisme.

— Tout à fait, c'est la colonne vertébrale de l'identité.

— Dans tout ce que j'entreprends, je calcule. Je pars du principe qu'il n'est pas question d'avoir des objectifs et de les aborder sans avoir mené au préalable une réflexion. On peut prendre tous les risques à la condition *sine qua non* de les mettre auparavant en équation. L'action pour l'action n'est que stérile effervescence !

— J'ai bien aimé votre expression

"bougeteux". Trop de gens s'activent dans tous les sens, brassent de l'air, mais, au bout du compte, il n'y a rien. Il manque la canalisation. Remarquez au passage que le mot "canalisation" commence par un C. J'ai créé un test psychologique, "le test archéographique", qui exprime l'orientation potentielle de signification. Je l'ai soumis à des psychanalystes en leur disant : "Au lieu d'analyser les rêves de vos patients, faites-les travailler, par association d'idées, sur les images archétypales de leur prénom..." Nous allons tenter l'expérience avec vous. Si je vous dis que la lettre M c'est l'eau en mouvement, à quoi cela vous fait-il penser ?

— À la mer, une mer extrêmement bleue, à marée haute, une mer d'huile. Pour autant, c'est une mer qui a du caractère.

— Elle ne peut qu'avoir du caractère puisqu'elle a la forme de la vague. Mais je retiens l'expression "c'est une mer qui a du caractère". Parlez-nous donc de votre mère !

— Ma mère ?

— Oui, puisque vous avez précisé : “C'est une mer qui a du caractère.”

— Cette mer extrêmement bleue, baignée d'un soleil radieux symbolise parfaitement ma mère, tellement elle rayonne d'amour.

— C'est le sourire.

— C'est une mère qui a tout fait pour que ses enfants se réalisent eux-mêmes.

— Très bien pour le M, voyons maintenant le A : nous avons dit que c'était le taureau. Comment le voyez-vous ?

— Je vois un taureau sauvage, noir, extrêmement puissant. C'est un taureau de corrida qui me fait face, buste colossal, regard foudroyant. Il est seul, libre, dans une immense prairie.

— C'est bien votre énergie. Voyons si la lettre R confirme le point commun. Je rappelle que le R symbolise la tête : imaginez donc une tête.

— Il me vient un visage féminin, très esthétique, émacié, d'une personne mûre mais juvénile, nullement marquée par les années. Ce visage rayonne de charisme et de force. En surimpression, je vois un cerveau.

— Continuez.

— La tête, c'est l'élément moteur de l'être. Sans le cerveau, nous n'existons pas. Tout doit passer par un raisonnement, un décryptage de la logique. Sans réflexion, point d'émerveillement. L'autre point déterminant dans cette image, c'est que j'aime tout ce qui peut séduire, tout ce qui est beau : ce visage échappe au laminage du temps et brille comme de l'or.

— Ce qui est intéressant dans ce que vous venez de dire, c'est que vous voyez à la fois la tête dans son intériorité, le cerveau, et son apparence. En se donnant à voir à l'autre, l'homme se voit dans sa jeunesse car, comme l'affirme le sage : "Il est interdit d'être vieux." Ce qui fait que la jeunesse est force de projet. Demain, nous ferons encore d'autres choses... Passons maintenant à la lettre C : le chameau.

— J'associe la bosse du chameau aux dunes de sable, des dunes, là encore, extrêmement purifiées.

— Vous dites "chameau" mais, en fait, il s'agit d'un dromadaire puisqu'il n'a qu'une seule bosse !

— Je l'ai vu avec une seule bosse, en osmose totale avec deux autres bosses derrière : ce sont les dunes, parfaitement dessinées.

— À quoi vous font-elles penser ?

— Le mot qui a résonné dans ma tête, c'est "seins". Les seins d'une femme. Je les aime petits, juvéniles, bien dessinés : le mot "pur" me revient à l'esprit.

— Continuez sur les dunes et les seins. On a vu le visage, hâlé comme de l'or.

— Les dunes sont plus foncées. C'est une image éclatante, solaire, sans une ombre. Le paysage est harmonieux, resplendissant : il dégage une force divine. Si on fait jaillir la femme, elle est là dans toute sa splendeur : élancée, nue, avec un long tronc, des jambes très hautes, une petite poitrine et un port altier de déesse, une allure de danseuse. Sa crinière blonde descend dans le dos. Cette femme marche devant le chameau, sans le tenir. L'animal a lui aussi le pas aérien. Tous les deux se dirigent vers les dunes.

— Je suis embêté, car vous ne me donnez pas de couleur. Or, depuis le début, vous n'avez jamais omis cet élément! Vous avez commencé par le bleu avec la mer, puis le noir avec le taureau, l'or avec le visage. J'attendais donc une couleur pour le chameau mais elle n'est pas venue. Ce n'est pas grave, car c'est quand même très intéressant de voir comment vous vivez à la fois les lettres et leur rapport aux couleurs. Il y a quelque chose qui a émergé et qui relève de l'ordre de ce que l'on pourrait appeler votre "idiosyncrasie", pour faire savant, c'est-à-dire de votre personnalité la plus profonde. Cela me donne envie de vous soumettre au test psychologique des couleurs. Le mot "couleur" devient le mot à analyser dans vos images archéographiques premières.

— Ce qui aurait été original, c'est si j'avais vu le taureau jaune! Or, je l'ai vu noir, tel qu'il est dans la réalité.

— Certes, mais vous êtes le premier Marc, sur les dizaines de cas que j'ai analysés, qui voit immédiatement un taureau noir se préparant à une corrida. Les autres Marc restent prisonniers de l'analyse que j'ai faite au début concernant l'énergie, la force du géniteur. Votre approche est plus phénoménologique, elle analyse davantage l'extériorisation des signes. Mais revenons au mot "couleur". La lettre C, c'est le chameau. O, c'est l'œil. Au départ, le O avait la forme d'un œil : les Grecs n'ont gardé que la prunelle, soit un rond avec un point à l'intérieur, et les Romains le rond seul qui correspond à notre O actuel. Passons au U : c'est la lettre de la relation, de la capacité à s'ouvrir aux autres. Puis le L, c'est l'aiguillon du désir qui met en mouvement celui-ci. Le E, c'est la parole, l'expression, l'homme en prière. C'est la personne qui ne garde pas ce qu'elle a pour elle mais le met en paroles. Tout ce que vous allez dire maintenant sur le mot "couleur" va développer des éléments essentiels de votre personnalité, de votre manière d'être au monde. Essayons d'interpréter une nouvelle fois "chameau".

— Chameau ?

— Vous devez me dire que, dans chameau, vous entendez “chat” et “mot” ! Qu’est-ce que ça vous fait de voir un chat dans un chameau ?

— Si je voyais un chat, ce serait un chat noir avec une petite bouille. Pas le matou mais un chat très félin, avec des yeux très attisés, jaunes, pupilles noires.

— Là, vous le faites exprès !

— Non, non ! Je le sens vif, à l’affût. Il est prêt à chasser : ce peut être la chasse aux moineaux ou encore la chasse sensuelle si une petite chatte passait par là. Il est prêt à s’acoquiner mais une seule femelle ne lui suffirait sans doute pas !

— Et quel rapport voyez-vous entre Marc et le chat ?

— Je m’intéresse énormément aux chattes !, dis-je en éclatant de rire.

— Puisque nous sommes en archéographie, dans une recherche scientifique de votre personnalité, il faut absolument trouver le point commun entre les lettres de Marc et de chat.

— Le A et le C.

— Le A, c'est l'énergie et le C, le chameau mais aussi le chat-mot, et dans "mot", il y a le O qui symbolise l'œil. Cela signifie que votre manière de regarder le monde ne vous suffit jamais. Vous regardez mais vous avez toujours en projet d'amener ce regard à d'autres. Après le C et le O, voici le U. Le U, c'est l'oreiller. Dans la tradition, quand une femme plaisait à un homme et que ce dernier ne pouvait le lui avouer clairement, il lui disait : "Accepteriez-vous de partager mon oreiller cette nuit ?"

— Si je reste à l'oreiller en tant que tel, je le vois extrêmement dodu, très large, de ces oreillers que l'on pouvait voir occuper le lit du roi. Avec un tissu d'une grande qualité, blanc, étincelant et très doux. C'est à la fois plus lourd et plus velouté que la soie.

— C'est du velours ?

— Non, ce n'est pas du velours.

— Quand vous avez dit blanc, il vous a fallu un instant pour imaginer la couleur ou bien celle-ci s'est-elle imposée immédiatement ?

— Elle s'est imposée tout de suite, avant même de percevoir la forme.

— Revenons à cet oreiller. Il est très gros si j'ai bien compris.

— Oui, énorme ! Je m'y abandonne. Il m'accueille ainsi qu'une autre personne. Nous ne sommes pas serrés à deux dessus.

— C'est donc un oreiller extrêmement généreux !

— Oui !

— Pour deux têtes. À quoi ressemble la deuxième tête ?

— À une femme d'une beauté extrême, blonde parce que j'ai cette attirance pour les blondes, très longiligne, plutôt androgyne et toujours avec de petits seins !

— Ces seins ressemblent-ils aux dunes ?

— Oui, oui. C'est mon archétype. Ma femme idéale apparaît toujours sous cette forme.

— On pense à ce moment-là à la lettre L, l'aiguillon du désir. C'est une autre expérience de l'amour que nous transmettons aux autres par l'écriture pour faire en sorte qu'ils soient aiguillonnés dans leur désir.

— *Divines débauches,* mon dernier roman, traite exactement de ce thème-là !

— Mais n'est-ce pas la dimension de l'amour comme expérience cosmique qui fait ressentir une force telle que nous voulons la faire partager aux autres ?

— Oui, leur instiller le courage, l'audace de s'ouvrir à cette force d'amour.

— C'est ainsi que la couleur révèle votre personnalité profonde. Vous vous différenciez des autres Marc en devenant le chantre, le troubadour de l'amour charnel purifié. Vous avez la capacité de faire partager votre expérience et de rendre aussi les autres heureux. C'est cela l'articulation du prénom Marc par rapport à la couleur.

Le décryptage de mon nom

Maintenant, il faut étudier les lettres de votre nom de famille : MENANT. Le M de Menant signifie celui qui est porté par les ondes du fleuve. Le E, on l'a déjà vu, vous porte au-delà de vous-même. Le N, c'est le poisson. Lorsqu'on regarde l'eau, on ne le voit pas : c'est donc la dimension de l'invisible, la dimension du discret. En conséquence, Marc Menant est un faux extraverti, c'est ça la nouveauté ! Vous êtes effectivement dans l'extériorisation, vous nous dites plein de choses, vous nous offrez une certaine vérité de votre personnalité, mais, en réalité, vous gardez un secret en vous et ne le dévoilez pas pour deux raisons : une pudeur profonde et, ça vous l'ignorez peut-être, un secret encore plus enfoui. Car le N, c'est l'intimité qui signifie qu'il y a d'autres éléments à découvrir en vous !

— Ça m'étonnerait ! J'ai vraiment un désir de grand déballage, en toute sincérité.

— Je pense que vous ne dites pas tout.

— Si, j'insiste ! Je trouve que la véritable audace dans la vie est de ne rien cacher, d'affirmer sa personnalité, sans aucune zone d'ombre. C'est la seule manière de se réaliser en totale plénitude.

— Il y a quand même un décalage entre ce que vous dites et ce que vous démontrez être !

— J'espère que non !

— Vous dites que votre vie est suffisamment riche pour pouvoir tout déballer et ensuite le démontrer ?

— Oui.

— Vous ne rêvez pas ?

— Mes rêves sont des anticipations à vivre.

— Voilà un cas intéressant de désaccord entre ce que dit la lettre N qui se répète deux fois dans votre nom : il y a donc deux fois l'invisible, deux fois la pudeur et deux fois le secret.

— Je combats la pudeur ! Pour moi, c'est le fléau de l'humanité. L'homme ne peut prétendre atteindre la liberté que s'il existe en toute impudeur.

— C'est intéressant. Pour vous, il n'y a pas de pudeur, d'impulsions très fortes chez quelqu'un dont l'essentiel de la personnalité est l'extériorisation. Vous, vous la radicalisez, et moi, je prétends que vous gardez au fond de vous quelque chose de secret que vous ne dites pas.

— Je fais même peur dans la séduction en affirmant de suite ma personnalité, mon originalité, ma dimension déraisonnable de libertin.

— Je comprends, mais si on définit l'érotisme comme la directive du visible et de l'invisible, et si vous êtes complètement dans la visibilité, comment peut-il y avoir de l'érotique, du poétique ?

— Je ne revendique pas l'érotisme mais la pornographie. L'érotisme n'est qu'une pudibonderie maquillée. On triche, on ruse. Cette animalité qui est en nous est d'une poésie inimaginable. Nous avons tous des fantasmes et Dieu ne nous a pas dotés de cette faculté de créativité pour nous en frustrer. Pour moi, la sexualité est l'art suprême et l'extase l'expression divine.

— Je vous l'accorde.

— Nous avons oublié la lettre T dans tout ça !

— Le T, c'est le signe de l'écriture. Voilà comment se termine le projet porté par

Marc Menant. Dans votre manière de parler, vous êtes vraiment extraverti et, pourtant, je trouve que vous êtes quelqu'un d'éminemment pudique. »

Ça restera notre point de discorde. Comment pourrais-je être pudique et envisager le principe même de l'écriture de ce livre ?

Malgré ce hiatus, j'avoue que ce décryptage particulièrement judicieux dérange ma rationalité.

13

La réincarnation

À ce jour, la majorité des travaux concernant la réincarnation a été effectuée par Ian Stevenson, professeur de psychiatrie et directeur du département des Études sur la personnalité au Centre des sciences de la santé, à l'université de Virginie, États-Unis.

Au cours des trente dernières années il a recueilli près de trois milles témoignages de personnes qui prétendent se souvenir de leurs vies antérieures. Dès qu'une supposée réincarnation lui est signalée, il n'hésite pas à se rendre auprès de la personne concernée afin de mener une enquête minutieuse. Il analyse les souvenirs du sujet, les éventuelles marques de naissance, héritage d'un destin antérieur. Parmi tous les livres rapportant ses travaux, deux sortent du lot et obligent à l'interrogation : *Les enfants qui se souviennent de leurs vies antérieures*[1] et *Vingt Cas suggérant la réincarnation*[2].

Étranges taches de naissance

Pour Ian Stevenson, les témoignages les plus nombreux concernant la réincarnation viennent d'Asie et plus particulièrement d'Inde, du Sri Lanka, de Birmanie et de Thaïlande. Une explication bien rationnelle justifie cette statistique : l'hindouisme et le bouddhisme sont les religions dominantes de cette partie du monde. Ces deux philosophies vont plus loin que la simple réincarnation : elles ont pour axiome la métempsycose, à savoir que l'âme transmigre par étapes successives entre les différents règnes animaux et humains. Stevenson précise que, pour

1. Ian STEVENSON, *Les enfants qui se souviennent de leurs vies antérieures*, Paris, Éditions Sand, 1995.

2. Ian STEVENSON, *Vingt cas suggérant la réincarnation*, Paris, Éditions Sand, 1985.

les bouddhistes, la réincarnation idéale se réalise dans un corps masculin, croyance si bien établie qu'ils n'hésitent pas à prier pour connaître cette chance lors de leur prochaine venue au monde.

Les peuples asiatiques ne sont pas les seuls à avoir mobilisé Stevenson pour ses études. Les États-Unis lui ont permis de relever quatre cents cas intéressants. Parmi ceux-ci, deux cent cinquante émanent de membres de tribus indiennes dont les traditions accréditent la croyance en la réincarnation. Quant à l'Europe, de toutes les personnes qui l'ont contacté, seuls trente dossiers ont retenu son attention.

Pour bien comprendre la façon dont procède Stevenson, il faut savoir qu'il s'intéresse d'abord aux phobies chez les bébés, comme, par exemple, la peur viscérale de l'eau. Lorsque ces enfants sont en âge de s'exprimer, le chercheur a constaté que la plupart évoquaient spontanément les souvenirs de noyades dont ils auraient été victimes lors de leur vie précédente.

Mais là où Stevenson possède des éléments particulièrement troublants pour accréditer l'hypothèse de la réincarnation, c'est avec les marques de naissance, analogies anatomiques étonnantes comme, par exemple, des ressemblances très prononcées alors qu'il n'y a pas de parenté directe. Plus dérangeante encore, la trace de cicatrices sur le nourrisson, celui-ci n'ayant été victime d'aucun accident ou traumatisme. Or, ces signes ont des caractéristiques très précises comme des traces parfaites laissées par une arme blanche. Et là encore, dès qu'ils accèdent à un langage suffisant pour s'exprimer, un tiers de ces enfants confessent les circonstances d'une mort accidentelle ou d'un assassinat. Ils précisent le lieu du drame, donnent des indications sur un environnement familial et vont même parfois jusqu'à révéler un patronyme. Dans vingt pour cent des cas, Stevenson a réussi à établir une concordance parfaite entre ces signes de naissance, les tragédies rapportées et les familles concernées. Ainsi, l'histoire de Nasruddin Shah, né en

Inde en 1962. Dès son arrivée au monde, les médecins remarquent sur son flanc gauche une trace qui pourrait avoir été laissée par une lance lors d'une éventration. Or, dès qu'il atteint la capacité de s'exprimer, Nasruddin Shah évoque une rixe qui l'aurait opposé à un rival, rixe conclue par un coup de lance dont il aurait été la victime. Nasruddin ne se contente pas de l'évocation du drame : il parle de sa famille, décrit des objets... Tous ces éléments seront corroborés par l'enquête de Stevenson.

Lors d'une de mes émissions sur Europe 1 consacrée à la réincarnation, Joanne Esner, auteur du livre *Réincarnation et renaissance intérieure*[1], tint en préambule à évoquer l'Égypte antique. Les Égyptiens ne doutaient pas que l'homme était appelé à des vies successives, comme le prouvent les noms de deux pharaons : Amonemhat Ier, « l'homme aux naissances répétées » et

1. Joanne ESNER, *Réincarnation et renaissance intérieure*, Paris, Éditions Grancher, 1995.

Sensusert Ier, « celui qui vit plusieurs naissances ».

« Aujourd'hui, affirme Joanne Esner, nous trouvons non seulement des exemples d'enfants réincarnés en Asie, mais aussi chez les Inuits du Groenland ou encore chez les Druses du Liban. Dans notre culture européenne, les cas sont plus difficiles à faire émerger car, lorsqu'un enfant commence à dire à sa mère : "Tu n'es pas ma vraie maman... quand j'étais grand j'avais un cheval et je vivais dans une autre maison...", l'enfant est tout de suite arrêté par un péremptoire : "Tais-toi, va jouer !"

Joanne Esner rappelle aussi le scénario du film de François Villiers, *Manika une vie plus tard,* avec Stéphane Audran, scénario tiré d'une histoire vraie : « Manika, née dans un village de pêcheurs en Inde du Sud, commença dès l'âge de neuf ans à répéter qu'il lui fallait absolument partir à Calcutta retrouver son mari qui l'attendait. Ses parents la conduisirent chez un prêtre catholique pour lui demander son aide. Celui-ci, frappé par la force de conviction de la jeune fille, partit avec elle pour Calcutta, ville où elle ne s'était jamais rendue auparavant. Pour autant, une fois descendue du train, elle entraîne le prêtre dans la cité. Sans rien demander à personne, elle enchaîne les rues jusqu'à aboutir dans une venelle, à une maison habitée par une famille. Interrogé par le prêtre, le locataire confirme être veuf, sa première épouse avec laquelle il avait partagé ces lieux ayant été emportée par la tuberculose. Alors que la maladie rongeait sa femme, l'époux lui avait juré qu'il l'attendrait jusqu'à ce qu'elle revienne réincarnée. Mais le temps lui ayant paru trop long, il avait fini par convoler avec une autre. »

Aujourd'hui, tout un courant de psychothérapies cherche à percer ce mystère des vies antérieures par une méthode fondée sur les états modifiés de conscience : la régression. Ainsi, Patrick Drouot, diplômé en physique théorique de l'université de Columbia à New York et auteur du livre *Des vies antérieures aux vies futures*[1], a été l'un des premiers à essayer de faire émerger du subconscient de ses patients ces « souvenirs interdits ». Les exemples qui bousculent la raison ne lui manquent pas. Retenons celui de ce psychothérapeute ayant participé à l'un de ses ateliers de groupe : « En repartant le soir, conte Patrick Drouot, il me serre la main et bougonne, mécontent : "Je n'ai absolument rien vécu pendant ce stage. Aucune vie passée n'a émergé. Pour autant, je trouve la démarche intéressante. Je ne resterai pas sur cet échec et je reviendrai." Parole tenue deux mois plus tard. Mais, en conclusion de cette nouvelle expérience, comme la première fois, il me répète sa déception. Là, je l'interromps et lui demande la nature de son problème. Il me répond : "Depuis deux ou trois ans, je ressens des douleurs si violentes dans les jambes que j'ai dû cesser le tennis, le jogging et même la relaxation." Je le coupe et lui affirme qu'accéder à sa mémoire cellulaire le

1. Patrick DROUOT, *Des vies antérieures aux vies futures*, Monaco, Éditions du Rocher, 1993.

remettrait d'aplomb. Comme la thérapie de groupe échoue, je lui propose une séance individuelle. C'est ainsi qu'il exhume une vie où il serait mort, les jambes fracassées. Dès le lendemain de la séance, ses douleurs avaient disparu ! Mon réfractaire aux régressions reprenait ses activités sportives, pimpant comme un jeune homme. »

Pour moi, cela ne prouve aucunement la réalité d'une vie antérieure. Je suggère au physicien Patrick Drouot que, lors de la décomposition du corps, les atomes qui le composent se séparent et se dispersent dans l'atmosphère. Et, selon le vieil adage : « Poussière tu étais, poussière tu redeviendras », on peut supposer que chacun participera à l'élaboration d'une nouvelle matière. Or, comme Drouot affirme que l'infiniment petit possède une mémoire, pourquoi ne pas retenir l'hypothèse que celle-ci libère des souvenirs dans un état modifié de conscience, souvenirs qui n'auraient rien à voir avec les théories de la réincarnation ?

Autre condamnation, arithmétique

celle-là. Elle est liée à la logique démographique. Il y a de plus en plus d'individus sur Terre : nous n'étions que trois milliards dans les années 1950, nous sommes le double aujourd'hui et, selon les spécialistes, nous serons huit milliards en 2020. Nous manquons donc cruellement d'âmes à recycler pour répondre à un tel gonflement.

« Bien sûr, ce fut là ma première interrogation quand je me suis intéressé au sujet, il y a une vingtaine d'années, me répond Patrick Drouot. Jusqu'au jour où à Dharamsala, en Inde, j'ai posé la question à plusieurs lamas. Leur réponse fut claire : ce n'est pas le nombre de corps qui importe, mais celui des âmes qui cherchent un corps disponible. Dans la conception bouddhiste, l'essentiel est le retour du tout en tout, c'est-à-dire dans le "UN". On ne peut retourner à Dieu qu'après une expérience faite dans un corps de chair. Le but est donc d'avoir un corps disponible pour faire l'expérience de cette matérialité afin, ensuite, de remonter à Dieu dans la lumière, dans le “UN”. Pour eux, l’excédent de corps à incarner induit que les âmes viendraient d’autres planètes que la Terre. »

Mon expérience de réincarnation

Mon âme aurait donc participé à l’histoire de l’humanité ? Pour Patrick Drouot, c’est une évidence et, pour retrouver les traces de ce passé, le chercheur me demande de m’allonger sur le lit, à côté de son bureau dans son cabinet.

« Placez ce casque sur vos oreilles : je vais diffuser de la musique pour vous relaxer. Vous ne serez pas dans un état hypnotique, mais plutôt dans ce que j’appelle un “état d’expansion de conscience”. En termes simples, vous allez basculer de votre cerveau gauche, logique, rationnel, vers votre cerveau droit, voie royale vers l’inconscient. Dans le langage courant, on dit que les vies antérieures, les mémoires de la toute petite enfance ou la mémoire fœtale sont stockées dans l’inconscient. Je vais donc vous aider à pénétrer les profondeurs de votre être. »

Déjà, les effets de la musique psychédélique se font sentir. Je suis dans un état d'apesanteur, disponible pour une nouvelle projection de mon inconscient.

« Traversez le cercle de lumière bleu nuit, pénétrez dans le tunnel temporel et laissez-vous aller. Quelle première impression vous vient à l'esprit ?

— Je suis dans un nuage, un endroit très élevé. C'est un nid d'aigle ! Les nuages m'englobent. Je me sens bien, en pleine forme !

— Je voudrais que vous vous branchiez sur vous. Que vous sentiez la solidité de votre corps. Que vous réalisiez quelle est votre stature, si vous êtes grand ou petit.

— Je suis dans mon identité habituelle.

— Dites-moi s'il fait plutôt jour ou nuit.

— Il fait jour. Je suis dans un décor de montagnes très escarpées. Il n'y a pas d'habitations. Il n'y a rien.

— Bien, alors avançons un peu dans le

temps. Nous allons dire que vous n'avez pas de corps. Que vous êtes une pensée qui se promène. D'accord ?

— Oui, je n'ai pas de corps, je suis suspendu dans l'espace.

— Demandez maintenant à votre subconscient de se brancher sur la vibration d'une image féminine.

— Des cheveux blonds fouettent mon visage. C'est la femme aimée et qui me hante. Elle rit, heureuse d'être avec moi !

— Maintenant, je voudrais que vous vous branchiez sur elle. Que vous me disiez comment vous sentez son énergie.

— C'est comme une félicité. Ça me donne envie de pleurer, tellement c'est joyeux !

— Parfait. Je voudrais à présent que cette énergie vous emmène en un autre temps, en un autre lieu, afin de savoir quel lien vous unit à cette personne et si vous l'avez connue avant. Mais aussi pour identifier ce qui s'est passé entre vous.

— Elle me précède. Elle me tient la main. Nous sommes allongés, flottant dans les airs, comme Peter Pan et la fée Clochette.

— Je voudrais que vous viviez cette sensation-là.

— Je la vois, c'est un point de lumière souriant ! Elle se fond en moi ou moi en elle.

— Est-ce que, quelque part, elle vous appartient ?

— Ce n'est pas une question d'appartenance, c'est une question de double, de complément. Elle est toujours nue. Elle tourne. Je me rapproche d'elle. Nous sommes de nouveau dans cette fusion, dans ce sentiment de plénitude, d'allégresse. Nous nous serrons très fort. Je la vois sur le dos. Ses cheveux ruissellent. Elle est rayonnante, son visage rit, irradié par le bonheur après l'amour. Nous sommes toujours nus, heureux.

— Êtes-vous prêt à revenir dans le quotidien ? Vous allez ramener avec vous cette sérénité, cette plénitude, dans votre quotidien. 1, 2, 3 ! Voilà, nous sommes revenus à Paris. »

Tandis que je reviens au présent, Patrick Drouot tire les conclusions de la séance.

« Cette expérience a été conditionnée par un fort lien du présent avec quelqu'un que vous avez profondément aimé et avec qui vous ne vivez plus, à cause des aléas de la vie. Nous aurions pu trouver une vie antérieure qui aurait expliqué le pourquoi des choses, mais nous avons rencontré un être, une entité vibratoire, qui vivait avec vous, dans le même état de conscience. Ce sont des âmes sœurs, c'est-à-dire des consciences qui vivent dans le même espace, dans la même lumière, puis qui redescendent sur Terre.

— Des âmes sœurs qui finissent par se séparer !

— Je déduis de votre vision que, dans votre conscience, donc dans vos rêves, vous êtes toujours ensemble et partagez des expériences.

— Mais, nous ne sommes plus ensemble ! Nous ne partageons rien !

— C'est pour cela que vous ressentez

une déchirure dans votre vie de tous les jours, car le lien existe toujours entre vous. »

La théorie de Patrick Drouot n'efface pas en moi l'idée d'un échec quant à cette expérience. Je décide donc de la renouveler avec un autre interlocuteur. Démuni, n'ayant pas de pistes, j'appelle à la rescousse mon bon Jacques. Quarante-huit heures plus tard, celui-ci me communique les coordonnées d'une femme extrêmement mystique, qui, une fois jointe, accepte de me recevoir à la seule condition que ma démarche ne soit pas journalistique mais d'essence spirituelle. J'accepte et prends rendez-vous.

C'est ainsi que, cinq jours après, je me retrouve à sonner à la porte d'un appartement au rez-de-chaussée d'un immeuble, situé à quelques rues de l'Arc de triomphe. La porte s'ouvre sur la silhouette sèche d'une femme d'une soixantaine d'années dont le visage irradie d'amour et de sérénité. Dans un sourire d'icône, elle m'invite à pénétrer dans une pièce dont la lumière tamisée se mêle au scintillement de bougies. Le mobilier se réduit à un lit sur la gauche et, face à moi, à un bureau sur lequel trône un cadre abritant la Sainte Vierge. Juste à côté, un jeu de cartes et un pendule. Mais ce qui accapare le regard, c'est le Christ en croix, planté au mur. Il émane de ce lieu une atmosphère d'église.

D'une voix douce, chargée d'amour, la médium affirme sa démarche spirituelle. Pour elle, la découverte des incarnations n'est pas un amusement mais éclaire le cheminement de l'âme. Sa sincérité mâtinée de compassion inocule une paix intérieure. Un sentiment de bonté m'envahit. Je suis loin du monde, de ses mesquineries, de ses jalousies, de ses entourloupes. Cette sensation s'amplifie encore après m'être allongé.

Attentionnée, la médium dépose sur moi une couverture.

« Pour vous éviter d'avoir froid lorsque vous aurez changé d'état de conscience, me glisse-t-elle en s'asseyant sur une chaise basse placée derrière ma tête.

Je ferme les yeux. Une musique à la Vangelis me vient en écho.

« Détendez-vous. Respirez lentement, profondément. Abandonnez-vous. Visualisez votre corps, les pieds, les jambes, le buste, les bras, la tête. Sentez l'énergie qui circule en vous... »

Illusion ou pas ? Toujours est-il que le charme de sa voix si généreuse agit. Je ressens vraiment un flux magnétique me traverser.

« Imaginez que vous pénétrez dans un tunnel. Des marches se présentent à vous : vous les descendez. L'escalier tourne sur lui-même. Visualisez-le bien. Vous y êtes ? »

L'image s'inscrit effectivement sur mes paupières fermées.

« Descendez... Descendez... Essayez d'imaginer la façon dont vous êtes vêtu.

— Je vois mon pied gauche dans une sandalette.

— Une sandalette de moine ?

— Oui, peut-être, mon pied est nu...

— Portez-vous une robe de bure ?

— Je ne vois que mon pied. J'arrive

dans un temple grec, avec ses colonnes en plein soleil. Il y a un piédestal en marbre, à la surface relativement large.

— Mais vous êtes comment ? En religieux ?

— Non ! Je suis nu, complètement nu ! Je regarde autour de moi : le temple est vide. Il n'y a personne. Les lieux sont auréolés d'une lumière céleste.

— Comment vous sentez-vous ?

— Bien. Comme porté par une force d'amour, je me retourne et, sur le piédestal, nue, une femme splendide.

— De qui parlez-vous ?

— D'une femme au corps de statue et au visage lumineux. C'est Marie-Madeleine. Elle est rayonnante, mystique. Ses gestes sont d'une sensualité piquante. Deux jeunes filles, nues aussi, viennent à elle et la caressent. Elle ressemble à une déesse. Je suis le grand prêtre. C'est étonnant, j'ai l'impression de mener une cérémonie en son hommage. Les deux femmes préparent son corps à une offrande érotique. »

Bien que la scène tourne à la frénésie lubrique, je la décris dans le détail, sans gêne. Et bien que mon corps soit aux fièvres, tout me paraît pur. J'ai la sensation de participer à la grand-messe des sens, en harmonie avec le divin. À plusieurs reprises, la voix de mon interlocutrice cherche à me sortir de la situation, me suggère des détails vestimentaires sur la période grecque, pour que mon esprit s'y accroche. Sa réaction n'est pas dictée par la pudeur. Elle veut simplement essayer de faire émerger une réincarnation. Malgré sa ténacité, je reste mobilisé par les divines débauches.

J'ai enfin la confirmation que la sensualité relève du sacré. Que je ressente cela en ce lieu, en présence d'une femme pieuse, m'apparaît comme une véritable illumination. D'autant que c'est le seul enseignement que je tirerai de cette séance qui durera trois heures. Du passé ne rejaillit que le temple grec.

« C'est la première fois, me confie la médium, fataliste, qu'une personne ne renoue pas avec son histoire. C'est le ciel qui décide. Il a ses raisons. »

Quand je lui demande ce que je lui dois, elle s'offusque.

« Mais monsieur, vous n'y pensez pas. Nous n'avons pas obtenu le résultat recherché. »

J'insiste, argumentant qu'elle m'a consacré une matinée et qu'il est logique de l'indemniser.

« Mais monsieur, le temps n'est rien. Mon chemin est celui qui conduit à l'éternité ! »

Pareille foi me laisse pantois. Si toutes les personnes qui reçoivent en consultation avaient son honnêteté sincère, doublée d'une déontologie irréprochable, l'exploitation des souffrances ne conduirait pas aux dérives que l'on connaît.

Puisse cette femme servir d'exemple ! Chers lecteurs, dans le domaine de la spiritualité, jugez donc les médiums en fonction du montant des honoraires demandé et du nombre de séances proposé ! Dès lors qu'ils vous inscrivent dans une dépendance financière, fuyez-les !

À la recherche des ancêtres

Nous ne conclurons pas ce chapitre sur ce point de moralité. Revenons sur la logique des régressions : même couronnées de succès, elles ne prouvent pas la cohérence du phénomène de réincarnation. Les images et les situations qui viennent ne seraient pas pour autant des hallucinations mais, faisant référence à ce que nous avons vécu dans ce livre, comme, par exemple, l'expérience avec le docteur Imbert, elles pourraient très bien n'être que l'expression d'une mémoire cellulaire faisant rejaillir les traumatismes de nos ancêtres. L'interprétation relèverait alors du transgénérationnel. Ce que confirme Claude Imbert : « On peut être dans le cas d'une production de maladie liée à un traumatisme dont on n'a pas été soi-même victime, mais dont l'un de nos ancêtres a été victime. Il y a des identifications généalogiques qui font que nous pouvons déclencher le même jour, le même mois, au même âge, du même côté du corps, la même maladie qu'un de nos aïeux, dont nous avons aussi besoin de nous libérer. Je pense qu'il y a toujours, pour chaque être, un point de départ prénatal, dans notre propre histoire, auquel la généalogie vient faire écho. »

Comment ne pas rapprocher ces propos de ceux que m'avaient tenus Patrice Van Eersel et Catherine Maillard que j'avais reçus dans mon émission à l'occasion de la sortie de leur ouvrage *J'ai mal à mes ancêtres*[1]. Leur enquête suggère que nos destinées peuvent être déterminées par l'histoire psychologique des générations qui nous ont précédés et que des faits du passé risquent, à cause de l'oubli, de l'ignorance ou encore des secrets de famille, de pénaliser des personnes, plusieurs générations plus tard. Les auteurs, pour illustrer ces propos, donnent un exemple surprenant : « Un homme éprouve des maux de gorge constants, provoquant une détérioration

1. Patrice Van Eersel et Catherine Maillard, *J'ai mal à mes ancêtres*, Paris, Albin Michel, 2002.

de la circulation sanguine dans ses extrémités. Nul remède ne parvient à le soigner jusqu'au jour où il découvre, en thérapie transgénéalogique, qu'un ancêtre lointain, né le même jour que lui, est mort guillotiné pendant la Révolution. À partir de cette découverte, les maux de gorge et leurs fameux effets circulatoires disparaissent comme par enchantement ! »

Quand on aborde le transgénérationnel, un nom s'impose, celui d'une autre de mes invitées, le docteur Anne Ancelin Schützenberger, ancienne résistante, psychothérapeute de formation, professeur émérite de psychologie à l'université de Nice, auteur du livre *Aïe mes aïeux !*[1]. Elle est la première à avoir introduit en France, dans les années 1980, le concept transgénérationnel : « Notre vie, à chacun, est un roman, assure-t-elle. Vous et moi vivons prisonniers d'une toile d'araignée invisible dont nous sommes aussi l'un des maîtres d'œuvre. Si nous appre-

1. Anne ANCELIN SCHÜTZENBERGER, *Aïe mes aïeux !*, Paris, Desclée de Brouwer, 1998.

nions à notre troisième oreille, à saisir, à mieux comprendre, à entendre, à voir ces répétitions et ces coïncidences, l'existence de chacun deviendrait plus claire, plus sensible à ce que nous sommes, à ce que nous devrions être. Ne pouvons-nous échapper à ces fils invisibles, à ces triangulations, à ces répétitions ? »

Anne Ancelin affirme que si nous ne sommes pas entièrement libres, nous pouvons cependant réussir à sortir du destin familial répétitif à condition d'étudier, dans le détail, tous les non-dits, les drames, les deuils qui ont frappé notre famille.

C'est pourquoi elle établit avec chaque patient son arbre généalogique, qu'elle nomme « génosociogramme », représentation graphique sur cinq ou six générations des liens familiaux avec, pour chaque personne, les grands moments de son existence : naissance et mort, maladies, drames personnels, séjours en hôpital, mariages, divorces... Sont précisées, quand c'est possible, les dates de ces événements... Le dessin terminé, les répétitions sautent aux yeux ! Des femmes leucémiques meurent, sur trois générations successives, au mois de mai ! Des parents voient, sur cinq générations, leur deuxième enfant mourir !

Anne Ancelin cite l'exemple étonnant d'une petite fille de quatre ans qu'elle a soignée un jour. Cette enfant se voit, dans ses cauchemars, persécutée par un monstre : « Elle se réveille la nuit en toussant, hurlant et étouffant, et, tous les ans, à la même date, sa toux dégénère en grosse crise d'asthme. Je demande quand elle est née. "Dans la nuit du 25 au 26 avril", me dit la mère. Je connais les dates de notre histoire de France et je sais, grâce aux recherches menées sur mes clients, que beaucoup de traumatismes familiaux trouvent leur origine dans les persécutions, parfois très anciennes, ou sont liés aux morts tragiques sur les champs de bataille.

Du 22 au 25 avril 1915, les troupes allemandes ont lancé, pour la première fois, des gaz de combat sur les lignes françaises. À Ypres, des milliers de poilus ont péri gazés, asphyxiés. Je demande à la mère de rechercher les mots Ypres et Verdun sur son génosociogramme. Elle découvre que le frère de son grand-père était de ces soldats gazés... Dans la nuit du 25 au 26 avril 1915 ! Je demande à la petite fille de dessiner le monstre qu'elle voit dans ses cauchemars. Elle crayonne ce qu'elle appelle « un masque de plongée avec une trompe d'éléphant ». C'était un masque à gaz de la guerre de 14-18 reconnaissable par nous tous ! Elle n'avait pourtant jamais vu de masque à gaz et on ne lui avait jamais tenu le moindre propos sur le choc subi par le grand-oncle, ni sur les conséquences des gaz de combat comme l'ypérite. Ces faits ont été vérifiés dans les archives du ministère de la Guerre : le grand-oncle avait été courageux et médaillé. Eh bien, malgré tout ce non-dit, l'information a pu passer : l'enfant toussait et crachait, perdait le souffle et s'angoissait comme le malheureux poilu dans sa tranchée, avec un paroxysme à heure fixe, vers minuit. Tout cela jusqu'au jour où elle a fait son dessin... »

Reste que le transgénérationnel ne peut éclairer le contenu de mes deux tentatives de régression. Toutefois, elles n'ont pas été vaines. La seconde m'a permis d'assurer, plus que jamais, l'appétit de volupté qui m'anime depuis mon plus jeune âge. Le péché de la chair est vraiment une hérésie. La sexualité doit se vivre sans aucun tabou.

L'expérience avec Patrick Drouot est intéressante à un autre titre : une nouvelle fois, je me suis retrouvé en pleine lumière à voler et l'aigle était sous-jacent. Depuis, j'ai beau me tournicoter la cervelle, je ne trouve rien qui justifie cette identification au roi des oiseaux. Pourtant, pareille constante ne peut être due au hasard.

Conclusion

Le but de ce livre n'est pas de convaincre, de prêcher pour une chapelle, Jacques et moi ne nous revendiquons pas avocats du paranormal.

C'est au nom d'une curiosité légitime et du respect dû à toutes ces personnes persuadées de vivre des phénomènes – que la plupart cachent de peur d'être étiquetées folles –, que nous avons mené cette investigation.

Ne buvant jamais la moindre goutte de vin, bière, alcool pas même de champagne, ignorant l'usage des drogues, j'étais à même de m'abandonner à des états modifiés de conscience en toute objectivité. Par ailleurs, les expérimentations excluaient toute possibilité de manipulation, puisque Jacques suivait et filmait le déroulement des séances.

Comment donc ne pas reconnaître que chaque situation a généré certains effets. Mais là où je reste à distance de ceux qui ont accepté de nous recevoir, c'est sur l'interprétation. Par exemple, le dialogue avec les morts. Aucun subterfuge n'a pu être orchestré par nos hôtes (quel aurait été l'intérêt de nous abuser ? Ils n'ont rien à vendre et ne font aucun prosélytisme), or notre médium écrivait bien les yeux fermés, sans jamais déborder de la page, cela dans une fulgurance époustouflante et avec un vocabulaire qu'il ne possède pas au quotidien. Néanmoins, pour moi, aucune entité ne profite de l'aubaine pour s'incarner. Pas question donc de crier au charlatanisme, nous envisagerons plutôt un champ d'action de notre psyché beaucoup plus large que celui auquel on le confine.

J'ai donc envie de renvoyer dos à dos les sceptiques butés et les témoins ou porteurs de « dons ». Les premiers s'enferment dans une arrogance rationaliste qui pénalise la réflexion. Quant aux autres, la plupart d'entre eux ont la fâcheuse tendance à s'inscrire dans une croyance aveugle, empreinte de théomanie, de superstition, voire de fatalisme. Les uns vénèrent la matière, les autres les esprits. Chacun s'emprisonne ainsi dans son système pour mieux se rassurer, tant la peur de l'inconnu est déstabilisante. Hommes libres, Jacques et moi refermons ce livre sans tirer la moindre conclusion.

N'oublions pas que, pour les scientifiques, la vérité est impersonnelle. Or, le corps ne peut se réduire à un objet. Les émotions ont une incidence directe sur notre physiologie. La joie, la tristesse ne se mettent pas en équation. Elles n'ont rien de mécanique. Les émotions dépendent de chaque individu : aucune règle ne les gouverne. L'un sera sensible à une situation, l'autre y sera totalement indifférent. Pourquoi ? Mystère !

L'être humain n'est pas une machine. Ses performances intellectuelles ou physiques sont aléatoires et cette non-reproductibilité sur commande justifie la difficulté de permanence des pouvoirs paranormaux. Pourquoi exiger d'un médium ce qu'aucune capacité humaine ne peut garantir ? N'oublions pas Bob Beamon, champion olympique de saut en longueur à Mexico, suite à un bond prodigieux de huit mètres quatre-vingt-dix de long. Il pulvérisa, ce jour-là, l'ancien record de plus de cinquante centimètres. Du jamais vu ! Et cette performance unique, improbable, il ne l'a réalisée qu'une seule fois dans sa carrière et il fallut plus de vingt ans avant qu'elle ne soit battue.

Comme le remarque judicieusement le docteur Serge Tribolet, psychiatre des hôpitaux de Paris, esprit très fertile, passionné par la culture grecque : « La logique de la science est une logique d'exclusion du sujet. La science dite rationnelle cherche à interdire le hasard, à empêcher l'incertitude, à évacuer l'aléatoire. Son objet d'étude doit être "objectivable". Elle le rend manipulable, calculable, visualisable. Le triste savoir de la science s'oppose au "gai savoir" de l'art, celui qui s'ouvre à l'improbable, au hasard sans calcul. Rejoignons les Anciens, notamment Platon et Plotin, qui distinguaient le siège de l'âme et la pensée rationnelle. Il est vrai qu'ils avaient l'intelligence de ne pas exclure la métaphysique du champ de leurs réflexions. »

Et puis, la science elle-même est confrontée à des extravagances irrationnelles qu'elle ne peut nier. Ainsi, la rotation de Vénus, inverse de celle de toutes les planètes du système solaire, viole la loi universelle de la gravitation.

Soyons donc modestes avec les connaissances. Ayons la jubilation de la réflexion, sans jamais conclure à une quelconque vérité. Et si l'obscurantisme ne consistait pas tout simplement à s'enfermer dans des certitudes ?

Bibliographie

ALEXANDRIAN, *Histoire de la philosophie occulte,* Paris, Payot, 1994.

ANCELIN SCHÜTZENBERGER Anne, *Aïe, mes aïeux !,* Paris, Desclée de Brouwer, 1998.

BELLINE, *Un voyant à la recherche du temps futur,* Paris, J'ai Lu, 1988.

BEREZNIAK Daniel, *ABC des couleurs,* Paris, Éditions Grancher, 1987.

BERGIER Jacques, *Le Livre de l'inexplicable,* Paris, Ex Libris, 1974.

BERLITZ Charles, *Événements inexpliqués et personnages étranges du monde,* Paris, Éditions du Rocher, 1994.

BIASI Francesco (de), *ABC de l'aura,* Paris, Éditions Grancher, 2000.

BOURGEOIS Isabelle et MERVIN Sabrina,

Le Guide de l'occulte, Paris, Éditions Philippe Lebaud, 1990.

BROUSSE Simone, *L'Équilibre de l'énergie humaine,* Monaco, Éditions du Rocher, 1986.

BRUNE François (père), *Les morts nous parlent,* Paris, Éditions du Félin, 1993.

BRUNE François (père) et CHAUVIN Rémy, *En direct de l'au-delà,* Paris, Robert Laffont, 1993.

CASTELLAN Yvonne, *La Parapsychologie,* Paris, PUF, 1991.

CASTENADA Carlos, *Histoires de pouvoirs,* Paris, Gallimard, 1975.

CHAUCHARD Paul, *La Chimie du cerveau,* Paris, PUF, 1974.

CHAUVIN Rémy, *La Fonction psy,* Paris, Robert Laffont, 1991.

—, *Nos pouvoirs inconnus,* Paris, CGR, 1997.

—, *La Parapsychologie, quand l'irrationnel rejoint la science,* Paris, Hachette, 1980.

CROZIER Jean-Louis et MANDORLA Jacques, *ABC de la radiesthésie,* Paris, Éditions Grancher, 1995.

DIMITRIADIS Dicta, *Mademoiselle Lenormand, la reine de la voyance*, Paris, Perrin, 1990.

DROUOT Patrick, *Des vies antérieures aux vies futures*, Monaco, Éditions du Rocher, 1993.

ESNER Joanne, *Réincarnation et renaissance intérieure*, Paris, Éditions Grancher, 1995.

FONTAINE Janine, *Médecin des trois corps*, Paris, J'ai Lu, 2001.

—, *Médecine astrologique des trois corps*, Monaco, Éditions du Rocher, 2003.

GAUTHIER Éliane, *Maîtriser son destin par la voyance*, Paris, Pygmalion, 1998.

—, *Voyance : de la dépendance à la liberté*, Paris, Albin Michel, 1995.

GRIMAUD Luce, *Dans la lumière d'un cristal*, Paris, Robert Laffont, 1995.

GROF Stanislav, *L'Esprit holotropique*, Monaco, Éditions du Rocher, 1996.

HADJO Georges, *Le Grand Livre de l'effet Kirlian*, Paris, Éditions Trajectoire, 1998.

HARDY Christine, *La Science et les états frontières*, Monaco, Éditions du Rocher, 1988.

IMBERT Claude, *Faites vous-même votre psychothérapie*, Paris, Éditions Visualisations holistiques, 2001.

INGALESE Richard, *Le Pouvoir de l'esprit*, Saint-Jean-de-Bray, Dangles, 1990.

KRIPPNER Stanlay, *Les Pouvoirs psychiques de l'homme*, Monaco, Éditions du Rocher, 1990.

LECROCQ Dominique, *ABC des chakras*, Paris, Éditions Grancher, 1995.

LIGNON Yves, *L'Autre Cerveau*, Paris, Albin Michel, 1992.

LIROY Lucien, *Exploitez tous les pouvoirs qui sont en vous*, Paris, De Vecchi, 1995.

LOUIS René, *Dictionnaire du mystère*, Paris, Éditions du Félin, 1994.

MANDORLA Jacques, *ABC du magnétisme*, Paris, Éditions Grancher, 1988.

MANDORLA Jacques et SIMPÈRE Françoise, *Le Guide des guérisseurs et autres thérapeutes*, Paris, Éditions Philippe Lebaud, 2001.

MARY Ronald, *Le Reiki vu par ses praticiens*, Barret-le-Bas, Éditions Le Souffle d'or, 2002.

MOODY Raymond, *La Vie après la vie*, Paris, J'ai Lu, 2001.

—, *La Lumière de l'au-delà*, Paris, Robert Laffont, 2002.

—, *Lumières nouvelles sur la vie après la vie*, Paris, Robert Laffont, 1978.

MORTON Chris et THOMAS Ceri Louise, *Le Mystère des crânes de cristal*, Monaco, Éditions du Rocher, 1999.

OSTRANDER Sheila et SCHROEDER Lynn, *Fantastiques recherches parapsychologiques en URSS*, Paris, Robert Laffont, 1973.

OUAKNIN Marc-Alain, *Les Mystères de la kabbale*, Paris, Éditions Assouline, 2001.

—, *Le Livre des prénoms bibliques et hébraïques*, Paris, Albin Michel, 1997.

PIGANI Érik, *Psi, enquêtes sur les phénomènes paranormaux*, Presses du Châtelet, 1999.

PLACIER Anne, *Le Guide de la voyance*, Paris, Éditions Philippe Lebaud, 2002.

RECULARD Marie-Christine : *Kristy, une mélodie du bonheur*, Mouriès, Éditions du Fil invisible, 2000.

RENARD Hélène, *L'Après-vie*, Paris, Éditions Philippe Lebaud, 1995.

ROCARD Yves, *Le Pendule explorateur*, Maurecourt, ERG, 1983.

—, *Le Signal du sourcier*, Paris, Dunod, 1962.

—, *Les Sourciers*, Paris, PUF, « Que sais-je ? », 1991.

—, *La Science et les sourciers*, Paris, Dunod, 1999.

ROUX Ambroise, KRIPPNER Stanley et SOLFVIN Gérald, *La Science et les pouvoirs psychiques de l'homme*, Paris, Éditions Sand, 1986.

SECONDÉ Jean-Claude, *Le Guide initiatique de la radiesthésie*, Paris, Éditions Trajectoire, 2001.

SÉJOURNANT Maud, *Le Cercle de vie*, Paris, Albin Michel, 2001.

SHELDRAKE Rupert, *Sept expériences qui peuvent changer le monde*, Monaco, Éditions du Rocher, 1995.

SILVESTRE Colette, *ABC des tarots*, Paris, Éditions Grancher, 1987.

SIMON Sylvie, *Au seuil de l'étrange*, Paris, Pygmalion, 1994.

SMEDT Marc (de), *Éloge du bon sens dans la quête du sens*, Paris, Albin Michel, 2002.

STEVENSON Ian, *Les enfants qui se souviennent de leurs vies antérieures*, Paris, Éditions Sand, 1995.

—, *Vingt cas suggérant la réincarnation*, Paris, Éditions Sand, 1985.

TARG Russel et HARARY Keith, *L'Énergie de l'esprit*, Paris, Flammarion, 1985.

TISSERON Serge, *Secrets de famille, mode d'emploi*, Paris, Marabout, 1995.

VAN EERSEL Patrice, *La Source noire*, Paris, Grasset, 1986.

VAN EERSEL Patrice et MAILLARD Catherine, *J'ai mal à mes ancêtres*, Paris, Albin Michel, 2002.

WAGNER Paul, *ABC du reiki*, Paris, Éditions Grancher, 2000.

WARIN Jacques, *ABC de l'énergie pyramidale*, Paris, Éditions Grancher, 1996.

WILSON Colin, *L'Occulte*, Paris, Éditions Philippe Lebaud, 1990.

—, *Mystères : le surnaturel face à la science*, Paris, Albin Michel, 1981.

WILSON Ian, *Expériences vécues de la survie après la mort*, Paris, Âge du verseau, 1988.

WONDER Jacquelyn et DONOVAN Priscilla, *Utilisez les pouvoirs de votre cerveau*, Monaco, Éditions du Rocher, 1990.

Table des matières

Photocomposition C*MB* Graphic
44800 Saint-Herblain

Cet ouvrage a été imprimé par

FIRMIN DIDOT

GROUPE CPI

Mesnil-sur-l'Estrée

pour le compte de France Loisirs
en août 2004

N° d'édition : 41014 – N° d'impression : 69147
Dépôt légal : août 2004

Imprimé en France